I0816881

BLACKIE BOOKS

Cosas que los nietos deberían saber

Mark Oliver Everett (también conocido como Mr. E), nació en Virginia en 1963, y es el ideólogo y líder de la banda Eels. Desde muy pequeño trasteaba con instrumentos de juguete, y no abandonará la curiosidad sónica y lúdica en toda su carrera de músico, en la que ha usado pianitos infantiles (*Symphony for Toy Piano in G Minor* representa el mejor ejemplo), y en la que el manejo de samples y cintas grabadas con sonidos de todo tipo es una de sus marcas. Everett encontró la vocación como músico en Los Ángeles, y el título de su debut discográfico en solitario, *A Man Called E*, presentaba en el centro del relato a un personaje que bromeaba con la desgracia desde la primera canción: *Hello Cruel World*. El rechazo a las estructuras y procedimientos convencionales, el gusto por los collages de ideas y sonidos y su habilidad para sacar humor de donde no parece haberlo están presentes también desde el debut de Eels: *Beautiful Freak* (1996), éxito de la música independiente aquí y allí, hasta su último álbum por el momento: *The Cautionary Tales of Mark Oliver Everett*, de 2014. Pese a recrear un universo inquebrantablemente personal, su música tiene una dimensión pop, como demuestran la popularidad de sus conciertos y la inclusión (a su pesar) de sus composiciones en películas como *Shrek* y *American Beauty*. En cualquier caso, esta sensibilidad disfuncional, quizá desengañada pero también tierna, está en el origen de *Cosas que los nietos deberían saber*, el libro de memorias rock más vendido en la historia de la edición en español, que emocionará tanto a los seguidores de Eels como a los que jamás hayan escuchado su música.

MARK OLIVER EVERETT

Cosas que los nietos deberían saber

Presentado por Rodrigo Fresán

Traducido por Pablo Álvarez Ellacuria

Título original en inglés: *Things the Grandchildren Should Know*

Diseño de cubierta: Luis Paadin

Calle Església, 4-10
08024, Barcelona
www.blackiebooks.org
info@blackiebooks.org

Maquetación: David Anglès
Impresión: Liberdúplex
Impreso en España

Primera edición en esta colección: octubre de 2025
ISBN: 978-84-10323-79-7
Depósito legal: B 10758-2025

Índice

Para Liz,
Hugh y Nancy,
dondequiera que estéis.

La historia que se narra a continuación es real. Los nombres y el color de pelo de algunas personas han sido modificados.

Música y letra (y otras revelaciones)

Rodrigo Fresán

CERO Primero voy a hablar de un músico y de un disco (y de sus otros discos) y después de un libro y de un escritor.

Y ambos —músico y escritor, disco(s) y libro— son la misma persona, la misma cosa, ¿de acuerdo?

UNO Mark Oliver Everett es el líder y compositor de la banda solipsista EELS.

Y *Cosas que los nietos deberían saber* (*Things the Grandchildren Should Know*) es el cierre —epifánico y fóbico y aleccionador track número 33, un total de 93 minutos de duración, álbum doble— de *Blinking Lights and Other Revelations,* editado en 2005.

Y como en *Electro-Shock Blues* y *Daisies of the Galaxy*, entre otros, lo que se busca y se encuentra allí dentro son canciones felizmente tristes o más canciones tristemente felices.

Se sabe que Everett (mejor conocido como «Mr. E», mejor conocido aún como «Mr. E o E a secas») no es un tipo precisamente alegre.

Pero también es cierto que su música produce un raro optimismo iluminador que, seguro, habría hecho las delicias de Seymour Glass si éste no se hubiera suicidado. Alguna enciclopedia define todo esto como una forma musical llamada *dys-*

functional-americana o *down lo-fi*, que acaso empieza y termina en lo que hace Everett en EELS.

Y, sí, todas y cada una de las canciones de EELS piensan en una sola cosa: estamos aquí, no fue fácil, no es fácil, nunca va a ser fácil, y falta menos para el final. Vitales canciones desde este lado del túnel que, se supone, tiene una luz de muerte al final, pero vaya uno a saber.

Mientras tanto y hasta entonces, Everett nos confiesa que su pasatiempo favorito es imaginar cuánto tiempo pasará entre su último aliento y el hallazgo de su cadáver.

Hagan sus apuestas.

DOS *Blinking Lights and Other Revelations* puede ser considerado sin dificultad la obra maestra de Mark Oliver Everett hasta la fecha, y voy a referirme bastante a este álbum porque *Blinking Lights and Other Revelations* puede oírse como el *soundtrack* de este libro más allá de que haya sido grabado antes.

No importa.

Aquí —ahí— está el sonido para estas palabras. Esas melodías sofisticadamente sencillas, esa voz entre vieja y adolescente, pasajes instrumentales perfectos para silbar, momentos más engañosamente *up*, esos títulos —«Marie Floating Over the Backyard», «Last Days of My Bitter Heart», «Ugly Love», «Going Fetal», por ejemplo— y, de pronto, el convencimiento absoluto de que uno está escuchando un *standard* instantáneo. Algo como «If You See Natalie». Algo destinado a armonizar los bares de hotel del planeta a esa hora en que a nadie en este planeta se le ocurriría entrar a un bar de hotel.

Canción ésta y canciones todas que son como los capítulos de un libro que es éste que ahora tienen entre sus manos.

Y que suena exactamente así.

TRES Mark Oliver Everett comenzó a grabar *Blinking Lights and Other Revelations* en 1997, un año después del muy promocionado y apreciado debut de la banda, *Beautiful Freak*, paso siguiente a los dos buenos discos solistas —*A Man Called E* y *Broken Toy Shop*— que Everett ya había grabado a principios de los años noventa y de los que hoy reniega.

Y está visto y oído que su gestación fue lenta y doméstica. Everett grabó, poco a poco, paso a paso, *Blinking Lights and Other Revelations* en el sótano de su casa, y volvía a él —descendiendo las escaleras de su pena y sus blues— cada vez que le sucedía algo horrible.

Y como le pasaban cosas espantosas con cierta preocupante frecuencia, bueno, Everett regresaba allí abajo bastante seguido y sumaba canciones.

Y cuando escuchó el producto terminado, la discográfica no quiso saber nada del tema, de los temas, de los tracks.

Y no es que *Blinking Lights and Other Revelations* fuera muy diferente a los inmediatamente anteriores, *Souljacker* o *Shootenanny!* alabados por la crítica y, por lo tanto, apreciados por los ejecutivos del disco. Pero cabe pensar que sus aires despojados, el proyecto de cuadernillo rebosante de melancólicas fotos familiares y la explicación de Everett —con ese look de unabomber recién bañado, pero unabomber al fin— de que todo el asunto estaba inspirado en las «pausas silenciosas de las películas de Ingmar Bergman» debe de haber ahuyentado a los ejecutivos de la DreamWorks Records, aun cuando la saltarina «Hey Man (Now You're Really Living)» tendría que ser un hit radial si viviéramos en un planeta mejor (lo que no quita que su letra aluda a ese curioso y eufórico estado de mente al que se accede cuando se comprende de una buena vez que uno nunca será como los demás, léase: *normal*, no importa lo que eso signifique).

Así que Everett se lo llevó todo a la mucho más arriesgada

Vagrant (por donde ahora se pasean otros *outsiders* como Paul «The Replacements» Westerberg, que también graba en el sótano y la cocina de su casa) y todos felices.

Y, ahora que lo pienso, es como si —de algún modo— este libro, *Cosas que los nietos deberían saber* fuera, por fin, la piedra Rosetta que decodificara la *Eels way of life and way of thinking* y, sobre todo, su *way of feeling*. La explicación y la descripción de un sonido, de una manera de sonar.

Cosas que los nietos deberían saber es un viaje al fondo de Mark Oliver Everett.

Y es un fondo oscuro, sí.

Muy oscuro.

Más oscuro que un sótano.

Pero, también, es un fondo oscuro con lucecitas parpadeantes como las de un árbol de Navidad. Como el de ese árbol al final de esa película de final falsamente feliz llamada *It's a Wonderful Life*: título perfecto para una de esas perfectas canciones de EELS donde se nos recuerda, maravillosamente, que la vida no es maravillosa, que vivir no es cosa sencilla, pero que aun así...

CUATRO En alguna parte leí que Bush II y Dick Cheney habían intentado prohibir a EELS por considerarlo «nocivo para la juventud», por «deprimente», por su «uso indiscriminado de malas palabras» o algo por el estilo.

En alguna otra parte leí que son varios los que consideran a Mark Oliver Everett «un maldito»: alguien que contagia una melancólica mala suerte (Everett visita la casa del difunto Johnny Cash y la casa arde hasta los cimientos a los pocos días), y por las dudas no se animan a cruzar la calle con él.

Pero no estoy del todo seguro de dónde leí esas cosas.

Ahora, muchas de ellas, la verdad sobre todas esas leyendas urbanas marca EELS aparece, resplandeciente, en este libro crepuscular, de puño y letra y notas y voz del protagonista del asunto.

Ese asunto es, sí, la vida y la obra de Mark Oliver Everett.

De lo que sí me acuerdo a la perfección es que EELS tocó en Barcelona hace ya unos cuantos años —cómo pasa el tiempo...— y que fui a verlo y que, a la hora de los bises y de hits como «Novocaine for the Soul» y esa casi versión sedada con morfina de «La Bamba» que es «Mr. E's Beautiful Blues», Everett no volvió a salir y optó por enviar a su baterista Butch a tocarlos y cantarlos.

Y, como corresponde, sonaron felizmente deprimentes.

CINCO Alguna vez teoricé —y más de una vez lo llevé a la práctica— que no había mejor música de fondo posible para leer lo nuevo de Douglas Coupland y releer lo viejo de Jerome David Salinger que cualquiera de los varios álbumes de EELS.

Ya saben, insisto: música triste pero cálida, historias trágicas cantadas con una triunfante sonrisa vencida, melodías de cajita de música que se abre y se cierra igual que ciertos ataúdes que ya no volverán a abrirse y que, en llamas o bajo tierra, seguirán sonando en nuestra memoria.

SEIS Hacer un alto aquí y caminar —no correr— a escuchar otra vez «Something Is Sacred» o «PS: You Rock My World» y comprender a lo que me refiero apenas más arriba. Algo hace clic cuando se oyen, ¿no?

SIETE Y ahora —por fin, melódica justicia poética— llega el momento en que la música de EELS se convierte en el *soundtrack* perfecto para leer *Cosas que los nietos deberían saber*, primer libro de Mark Oliver Everett.

OCHO ¡MÚSICA ROCK! ¡MUERTE! ¡GENTE LOCA! ¡AMOR!, advertía el *sticker* circular pegado en la delicada portada —fondo gris, tipografía clásica, el grabado de un árbol perdiendo sus hojas— de la edición británica y original de *Cosas que los nietos deberían saber*.

Y era verdad y no mentía.

Todo eso y mucho más aparece ahí dentro y buscad EELS en la Wikipedia y —en el desglose de la entrada— hay todo un ítem | apartado con el título de «Tragedias familiares».

Y, sí, Mark Oliver Everett está familiarizado con la tragedia y para él la tragedia es algo *muy* pero *muy* familiar.

Y cualquier seguidor de EELS lo sabe y sabe que Everett vive para cantarlo: porque sus canciones están construidas en buena parte sobre la fúnebre saga de los suyos contemplada con una mezcla de puro sentimiento y lógica científica.

Y el día que se filme la *biopic* de Everett, bueno, ahí está Wes Anderson como director perfecto.

NUEVE Y es que las tragedias familiares de Mark Oliver Everett son muchas, demasiadas.

Hermana depresiva y drogadicta y suicida.

Madre adorada que sucumbe a tumor inoperable.

Padre militar y científico y distante (tema de un reciente y brillante documental *Parallel Worlds*, *Parallel Lives*, emitido por la BBC4) y con el que Mr. E siempre tuvo una relación traumática, al punto de confesar en su libro que la vez que se sintió más cerca física y afectivamente de él fue a sus diecinueve años cuando intentó resucitarlo, en vano, golpeándole el pecho luego de que tuviese un ataque cardíaco.

Prima azafata —y su marido— que volaban juntos en aquel avión que se estrelló aquel día contra aquel Pentágono (Jennifer se llamaba y, antes de subir para caer, le envió una postal a Everett desde el aeropuerto que decía LA VIDA ES FABULOSA).

Y, ya que estamos en el tema de las caídas libres (ver el capítulo de su libro dedicado a cómo nuestro héroe fue sucesivamente debilitado por el supuesto sexo débil) sucesivas novias que lo abandonan y una esposa rusa y dentista que un día lo deja sin anestesia y con la boca abierta.

Todo esto, claro, ya había sido cantado —más o menos codificado— en *Beautiful Freak* (1996), *Electro-Shock Blues* (1998), *Daisies of the Galaxy* (2000), *Souljacker* (2001), *Shootenanny!* (2003), en el ya mencionado *Blinking Ligths and Other Revelations* (2005) y en el flamante *Hombre Lobo* (2009); en las revisiones *live* en *Oh, What a Beautiful Morning* (2000), *Electro-Shock Blues Show* (2002), el magnífico CD/DVD *Eels with Strings: Live at Town Hall* (2006); en los cromos difíciles pre-eels firmados por E, *A Man Called E* (1992) y *Broken Toy Shop* (1993), donde ya hay temas con títulos como «Hello Cruel World», «I've Been Kicked Around», «Fitting in with the Misfits» y «Permanent Broken Heart»; y en ese eslabón perdido (si lo ven o lo oyen, avisen por favor) que es el fantasmagórico y esquivo debut de 1985, apenas cien copias, *Bad Dude in Love*, firmado por Mark Everett. Y ya que nos paseamos por aquí, está también la esquiva figura de ese disc-jockey apócrifo y doble personalidad *à la* Hyde que es MC Honky, responsable o irresponsable de *This Is MC Honky!: I'm the Messiah* (2000).

Pero no importa el año o la encarnación o la siempre cambiante formación de la banda (E suele tener problemas con sus bateristas) o sus cambios de humor y de sonido (he visto a EELS tres veces en vivo y una vez fue pop, otra punk, y otra estuvo junto a un delicado ensamble de cuerdas); lo que importa es la inamovible voluntad de entristecer con la tristeza hasta conseguir en el oyente una rara forma de euforia.

Everett —tal vez el único heredero digno y posible de alguien como Randy Newman dentro del panorama musical norteamericano— ha conmovido y emocionado desde que casi todos lo escucharon por primera vez en ese agónico pero catártico «Novocaine for the Soul» hasta la descorazonadora pero aun así consoladora de «I'm Going To Stop Pretending That I Didn't Break Your Heart».

Y la leyenda continúa y el cómo y el porqué de todas las canciones entre uno y otro extremo se revisitan en las dos antologías (impagables los comentarios de Everett a cada una de las canciones, precedidos por ensayos de Giles «Hijo de George» Martin y de Mark Edwards) y se explica en este libro de memorias que poco y nada se parece a la *memoir* habitual de la pop star de turno. Y que está a la misma altura —por su candor confesional así como por sus modales nerviosos— que lo que en su momento hicieron con la narración de sus vidas gente como Ray Davies y Bob Dylan.

Y es el mismo Everett —apadrinado por Pete Townshend y definido como «el Kurt Vonnegut del rock» por *Rolling Stone*— quien se ríe de la cuestión ya en las primeras páginas cuando dice:

> Ya que estamos, ¿qué clase de ego hace falta tener para escribir un libro sobre tu vida y pensar que le puede interesar a alguien? ¡Uno enorme! Pero no tan grande para pensar que fui creado a imagen y semejanza de Dios. A no ser que Dios sea un ectomorfo peludo y de hombros caídos (y no quiera Dios que me olvide de usar la omnipotente «D» mayúscula). Sé también que no soy el tío más famoso del mundo. La gente no lanza rumores sobre hámsters atascados en mi recto, ni nada por el estilo. Hay quienes están convencidos de que he saboteado voluntariamente mi carrera con algunas de mis decisiones «profesionales», pero no es así. Nunca he querido ser famoso por el simple gusto de ser famoso. Me propuse hacer algo bueno en este mundo, lo mejor que pudiese, y ése es el único objetivo. Vamos, que hago solo

lo que quiero hacer y dedico una cantidad de tiempo enorme a decir que no a las estupideces que me piden que haga y que sé que no me convienen. No soy un tío famoso de verdad, y esos son los que suelen escribir libros sobre sus vidas, pero aun así he pasado por unas cuantas situaciones y he decidido que ha llegado el momento de ponerlas por escrito. Ésta no es la historia de alguien famoso. Es solamente de la vida de un tío (uno que además se ve de vez en cuando metido en situaciones similares a las de la vida de un tío famoso). Ponerse a hacer esto tiene una carga inherente de EGO, de QUÉ IMPORTANTE SOY, que me hace sentir incómodo. Pero no me habría puesto a ello si no creyese que la mía es una historia bastante peculiar. No soy tan importante. Gracias a la educación que recibí, ridícula, trágica a veces y siempre inestable, me fue concedido un don, el de una inseguridad abrumadora. Una de las cosas que se le nota enseguida a la gente con problemas mentales es el ensimismamiento continuo. Creo que se debe a que tienen que esforzarse por ser quienes son y les cuesta muchísimo ir más allá. Yo no soy la excepción. Pero afortunadamente he encontrado la manera de hacerme frente a mí mismo y a mi familia tratándolo todo y a todos como un proyecto artístico en constante renovación para disfrute de todos vosotros. ¡Disfrutad! ¡De nada!

Y recuérdenlo: Everett bautizó EELS a su banda para que en las tiendas sus discos se ubicaran automáticamente a continuación de sus proyectos en solitario.

Everett, por supuesto, se olvidó de que existía otra banda bastante conocida llamada Eagles.

DIEZ Y la sorpresa no es que *Cosas que los nietos deberían saber* haya sido un best seller en Inglaterra, donde fue recibido como el mejor libro de autoayuda que no intenta ayudar a nadie pero que lo consigue casi sin proponérselo. Porque *Cosas que los nie-*

tos deberían saber trata de cómo triunfar en el panorama musical sin por eso tener que venderse y, también, de lo que se siente esa inolvidable y definitiva mañana en la que, cepillándote los dientes frente al espejo del baño, descubres que tu rostro se ha convertido en el rostro de tu padre.

Y que te mira —te miras— fijo y a los ojos.

Y que, de algún modo, lo entiendes todo y te comprendes del todo.

Por fin, al fin.

En una reciente entrevista, Mark Oliver Everett explicó que, habiendo agotado el tema de su familia en verso y en prosa, ahora se veía en la rara situación de tener que salir a buscar nuevo material.

«Supongo que tendré que encontrar otra familia sobre la quc escribir», dijo.

Y agregó: «Dentro de cuarenta años tengo planeado escribir el segundo volumen de mis memorias y, si todo va bien, mi objetivo es que sea un libro verdaderamente aburrido».

No sé por qué, pero algo me dice que tal vez haga lo primero pero difícilmente logre lo segundo.

Sus nietos jamás se lo perdonarían.

Nosotros tampoco.

«No todo es bueno y no todo es malo | No creáis en todo lo que leéis | Yo soy el único que sabe cómo es | Así que he pensado que mejor os lo cuento | Antes de irme», canta Mark Oliver Everett al final de «Things the Grandchildren Should Know», en *Blinking Lights and Other Revelations*.

Y aquí cumple su palabra, y su letra y su música.

Ahora, a cepillarse los dientes mientras se lee este libro.

Ahora, a mirarnos leyendo.

Ahora, por fin, a vernos.

Aquí estamos y sí, están tocando nuestra canción, nuestras canciones. Leámoslas para oírlas sonar.

Así suenan.
Suenan tristes, pero suenan tan bien.
Crean en todo lo que van a leer aquí.
De verdad.

1
El verano del amor

Conducía por la negrísima noche de Virginia sobre la cinta de asfalto perfectamente plana que en otra época había ocupado la vía del tren. Cuando llegué al puente elevado que cruza la cañada, me puse a pensar en los detalles de la noche en la que acabaría despeñándome por él. Estaba convencido de que no viviría hasta cumplir los dieciocho, y por eso no me había molestado nunca en hacer planes de futuro. Los dieciocho habían llegado y pasado hacía un año, y yo seguía respirando. Y las cosas iban a peor.

Verano de 1982. Ese calor repugnante, húmedo, pegajoso con el que la espalda de la camisa se empapa con solo salir a dar una vuelta con el coche. Al novio de mi hermana Liz se le cruzaron los cables una noche en la cocina de casa y me atacó con un cuchillo de carnicero. Poco después, Liz intentó suicidarse, la primera de una larga lista de tentativas. Se tragó un puñado de pastillas. El corazón se le paró justo cuando llegábamos al hospital, pero consiguieron reanimarla.

Poco después de todo aquello, Liz y mi madre salieron de viaje para ir a ver a unos parientes y yo encontré el cadáver de mi padre, tendido de lado sobre su cama, vestido como siempre con camisa y corbata y con los pies rozando el suelo, como si simplemente se hubiese sentado para morir, a sus cincuenta y un años. Intenté aprender cómo se practica la reanimación cardiorespiratoria con la operadora del servicio de emergencias mientras cargaba con el cuerpo ya rígido de mi padre por el dormitorio. Se me hacía raro tocarle. Que yo recordase, era la primera vez que teníamos contacto físico, si exceptuamos alguna que otra quemadura de cigarrillo que me había llevado al intentar escurrirme por su lado en el estrecho pasillo.

Pensaba que saltar del puente con el coche sería la mejor manera de afrontar la desoladora y agobiante sensación de ser yo. Melodramática manera de quitarse de en medio, ¿no? Es que era un crío. Más adelante, lo habitual era que me imaginase usando una pistola, que no es tan espectacular como tirarte en coche por un puente de tu pueblo. Se puede hacer un seguimiento de mi desarrollo a partir de estos datos. Más recientemente he pensado a menudo en las pastillas. El melodrama es para los chavales. Ahora soy un hombre maduro.

Hacia finales del verano (que yo había empezado a llamar ya «el verano del amor») me fui de casa por primera vez con mi Chevy Nova dorado del 71. El coche, al que yo había bautizado «Oro Viejo», y cuyo suelo oxidado había sido substituido por una señal de STOP, se lo había comprado por cien pavos a la rubia buenorra de mi prima Jennifer, que años más tarde moriría a bordo del avión que se estrelló contra el Pentágono el 11 de septiembre de 2001. Era azafata. Aquella mañana había escrito desde el aeropuerto de Dulles una postal en la que podía leerse en grandes letras LA VIDA ES GENIAL.

Mi padre trabajaba en el Pentágono en la época en la que yo nací. Si fuese de los que creen en las maldiciones me preguntaría si el avión chocó contra el ala del edificio en la que estaba la oficina de mi padre. Pero no creo en las maldiciones. La vida tiene sus altibajos. A lo largo de mi vida ha habido situaciones extremas, pero si tenemos en cuenta que no he tenido nunca un plan y casi nunca la autoestima necesaria para salir adelante, las cosas podrían haber salido mucho peor. Me limito a ir por ahí y ver qué pasa en cada momento.

No sé qué sucede cuando morimos, y no cuento con descubrirlo antes de palmarla. Seguramente no pasa nada, pero nunca se sabe. De momento sigo vivo, y he acabado por entender que algunos de los peores momentos de mi vida han desembocado en algunos de los mejores, así que no soy de los que devora con avidez el melodrama ajeno. Cada día es cada día, y punto.

Se me hizo raro dejar a mamá y a Liz en casa, pero había llegado el momento de salir de allí. Hacía tiempo que me había convertido en el hombre de la casa, visto que nadie más dictaba las leyes, y la muerte de mi padre apuntaló definitivamente mi posición. Pero sabía que si no salía pronto de allí quizá no llegase a escapar nunca.

Por muy raras que se pusiesen las cosas, siempre fui capaz de aislarme en mi cuarto del sótano (paredes pintadas de negro) leyendo *El hombre invisible* de Ralph Ellison y escuchando a todo trapo con los auriculares puestos *Live at Leeds* de The Who, *Plastic Ono Band* de John Lennon, o lo que fuera que me flipase ese año. Incluso en aquella fase tan terrible del Verano del Amor era capaz de escapar a todo al volante de Oro Viejo, contemplando la puesta de sol mientras escuchaba a Sly Stone cantar «Hot Fun in the Summertime» a través del radiocassette cutre que llevaba pegado con cinta adhesiva al salpicadero.

Llegué hasta Richmond y me matriculé en la uni. No me interesaba estudiar, pero parecía algo que todo el mundo hacía y yo no tenía otros planes. Mis notas en el instituto habían sido pésimas como consecuencia de mi absoluta falta de interés, de modo que en la uni me aceptaron solo a tiempo parcial. Me sentía completamente solo y miserable.

Una noche pasaba por al lado de uno de los edificios del

campus y oí unos pianos. Entré y descubrí que se trataba del departamento de música de la universidad. A mí no me interesaba estudiar música en aquel plan, pero me moría por tocar algo, lo que fuera, así que empecé a colarme de día y de noche en las salas de prácticas de piano, siempre preocupado por que me pillaran, ya que no tenía permiso para estar allí dentro. Eran los únicos ratos en los que me sentía bien, aporreando las teclas e inventándome cancioncillas sobre la marcha. A veces imaginaba a una pila de gente que escuchaba lo que estaba tocando y le gustaba. Hubo otra noche en la que estuve tocando con tanto abandono que rompí una de las cuerdas graves de un piano, que restalló como un tiro. Salí corriendo del edificio para no meterme en un lío.

Cada vez me hundía más en la desesperación. No me interesaba ninguna de mis clases. La única vía de escape era la música. Empecé a sentir algo que casi podría describirse como ansia de escribir y grabar música. Caminaba atontado por las calles de Richmond mientras soñaba con recuperar el piano de mi madre y hacerme con una grabadora y un micrófono.

Mira que han pasado años, pero hay noches todavía en las que me siento a pensar en la época en la que era joven de verdad y lo bien que me sentía cuando todo iba bien aún y todos estábamos en casa: mi padre leyendo el periódico, Liz dale que dale con Neil Young en su habitación, mi madre riéndose con su risita bobona de algo que tampoco es que tuviese tanta gracia... Cuando pienso en lo que sentía al vivir en medio de todo aquello, me acomete un anhelo irrefrenable y estaría dispuesto a dar cualquier cosa por poder volver a pasar una noche en esa época.

La vida está llena de hermosuras impredecibles y sorpresas extrañas. A veces, la belleza me supera y no sé cómo afrontarla. ¿Conoces la sensación? ¿Cuando algo es demasiado hermoso? ¿Cuando alguien dice algo o escribe algo o toca algo que te conmueve hasta las lágrimas, o que llega incluso a cambiarte? Está bien cuando un no creyente tiene que cuestionar sus propias dudas. Quizá fuera eso lo que me condujo de entrada a la música. Parecía magia. Bastaba con añadir música y ya era capaz de trascender la lamentable situación de mi entorno, y convertirla incluso en algo positivo.

Puede que no me guste tanto la gente como al resto del mundo. Parece que la raza humana está enamorada de sí misma. ¿Qué clase de ego hace falta para llegar a creer que has sido creado a imagen y semejanza de Dios? A ver, sacarse de la manga eso de que Dios tiene que ser como nosotros... por favor. Stanley Kubrick lo expresó muy bien: el descubrimiento de vida inteligente fuera de la Tierra sería catastrófico para el hombre por el simple motivo de que ya no seríamos capaces de considerarnos el centro del universo. Supongo que me estoy convirtiendo poco a poco en uno de esos viejos cascarrabias que creen que los animales son mejores que las personas. También es verdad que de vez en cuando hay gente que me sorprende positivamente y acabo incluso enamorándome de ella, así que... Es lo que hay.

Ya que estamos, ¿qué clase de ego hace falta tener para escribir un libro sobre tu vida y pensar que le puede interesar a alguien? ¡Uno enorme! Pero no tan grande como para pensar que fui creado a imagen y semejanza de Dios. A no ser que Dios sea un ectomorfo peludo y de hombros caídos (y no quiera Dios que me olvide de usar la omnipotente «D» mayúscula). Sé también que no soy el tío más famoso del mundo. La gente no lanza rumores sobre hámsters atascados en mi recto, ni nada por el estilo. Hay quienes están convencidos de que he saboteado voluntariamente mi carrera con algunas de mis decisiones «profesionales», pero no es así. Nunca he querido ser famoso por el simple gusto de ser famoso. Me propuse hacer algo bueno en este mundo, lo mejor que pudiese, y ése es el único objetivo. Vamos, que hago solo lo que quiero hacer y dedico una cantidad de tiempo enorme a decir que no a las estupideces que me piden que haga y que sé que no me convienen. No soy un tío famoso de verdad, y esos son los que suelen escribir libros sobre sus vidas, pero aun así he pasado por unas cuantas situaciones y he decidido que ha llegado el momento de ponerlas por escrito. Ésta no es la historia de alguien famoso. Es solamente la vida de un tío (uno que además se ve de vez en cuando metido en situaciones similares a las de la vida de un tío famoso). Ponerse a hacer esto tiene una carga inherente de EGO, de QUÉ IMPORTANTE SOY, que me hace sentir incómodo. Pero no me habría puesto a ello si no creyese que la mía es una historia bastante peculiar. No soy tan importante.

Gracias a la educación que recibí, ridícula, trágica a veces y siempre inestable, me fue concedido un don, el de una inseguridad abrumadora. Una de las cosas que se le nota enseguida a la gente con problemas mentales es el ensimismamiento continuo. Creo que se debe a que tienen que esforzarse por ser quienes son y les cuesta muchísimo ir más allá. Yo no soy la excepción. Pero afortunadamente he encontrado la manera de hacer frente a mí mismo y a mi familia tratándolo todo y a todos como un proyecto artístico en constante renovación para disfrute de todos vosotros. ¡Disfrutad! ¡De nada!

Por otra parte, y teniendo en cuenta la historia de mi familia, es muy posible que el ecuador de mi vida haya quedado atrás hace ya algún tiempo. Por eso creo que quizá sea mejor escribir todo esto ahora, por si resulta que no escapo a la norma. No quiero ir posponiéndolo mucho más tiempo.

Por lo visto hay varias maneras de enfocar este asunto. Podría escribir en plan «poético». Algo así:

> De pie frente al porche, fui consciente del penetrante olor de la hierba recién cortada. Podía también oír el quedo zumbido de los cortacéspedes por todo el vecindario. El aire acondicionado descargaba sobre mí, y yo, entretanto, esperaba. Mary bajó al fin. Nunca llegué a entrar en la casa. Rompió conmigo allí mismo. Regresé a casa acompañado por el canto de las cigarras, ajenas a mi dolor.

O podría incluso darle otra vuelta de tuerca y hacerlo verdaderamente florido. Tal que así:

> A lo lejos se entreoye el tenue zumbar de las segadoras. Mozos bronceados y de pechos lampiños sudando al sol, entregados a una última y genuina actividad física antes de cargar con sus petates rumbo a Yale o a Brown. Puedo oír los pasos de Mary al bajar las escaleras, titubeante. Tengo un grillo (no, un saltamontes) junto al zapato. No sé qué es lo que Mary siente por mí, pero este chiquitín sí ve lo que realmente soy. Conectamos por un instante, y luego se aleja de un brinco. Ahora estoy solo. Aparece Mary. Va a romper conmigo, puedo verlo en su rostro. Está a punto de tomar el amor desatado y absolutamente incondicional que le he ofrecido para estrellarlo contra el suelo, donde se desintegra en miles de añicos inservibles. Me hago a la idea. Me hago a la idea. (*Fin del capítulo.*)

O bien podría ser sincero contigo. Algo así como:

> Un día de julio fui a casa de Mary a pasar con ella un rato. Me abrió la puerta, pero no llegué a entrar nunca. Rompió conmigo en el porche de la entrada.

No quiero malgastar tu tiempo con ñoñerías ni chorradas, así que por respeto a ti, dilecto lector, me ceñiré al estilo más directo.

Nunca me interesó llevar un diario. Bastante tenía con intentar vivir la vida, de modo que nunca escribí uno. Tampoco me sentía con ánimos de revivir buena parte de mi vida. Pero eso es precisamente lo que me hizo ilusión cuando mi amigo Anthony me rogó por milésima vez que escribiese un libro sobre mi vida. Llevo dentro un mecanismo extraño que se activa cuando creo que algo queda fuera de mi alcance: sé entonces que tengo que llegar hasta ello. Aunque suponga volver a procesar todo lo que mi selectiva memoria es capaz de recuperar.

En primaria fui un niño esmirriado y de pelo largo al que a menudo confundían con una chica y que siempre, siempre era el último o el penúltimo en salir escogido en los equipos de deporte escolar. Ahora soy un hombre adulto que pasa la segunda mitad de su primera crisis de la mediana edad oculto tras guardias de seguridad que intentan protegerle durante sus conciertos del acosador desquiciado de turno.

¿Cómo he llegado hasta aquí?

2

Qué tiempos aquellos | Calla o muere

Soy hijo de un humilde mecánico. De alguien dedicado a la mecánica, vaya. A la mecánica cuántica. A mi padre, Hugh Everett III, autor de la teoría de los universos paralelos, lo conocí siempre como un hombre callado durante los dieciocho años o así que convivimos en la misma casa. Por lo visto, vivía deprimido por una infancia infeliz y por haber sido siempre despreciado como un chalado, y porque solo muy tarde (demasiado tarde) se había reconocido su genio. He aprendido mucho sobre él tras su muerte, a través de libros y revistas, mucho más de lo que podría haber aprendido nunca del centenar de frases que me dirigió durante aquellos dieciocho años.

El padre de mi padre era el coronel Hugh Everett Jr., del ejército estadounidense. Un tipo imponente, alto, calvo como una bola de billar y con una barbita de chivo minuciosamente recortada sobre el mentón. Como abuelo, fue un vejete encantador que me llevaba a ver pasar los trenes por Berryville (Virginia), la ciudad en la que vivía. De vez en cuando nos encerraba a mi hermana y a mí en el centenario armario de los abrigos, apagaba las luces y anunciaba que un fantasma llamado «el gran Gazunk» estaba a punto de aparecérsenos. Habrá quien diga que aquello era un maltrato terrorífico, pero yo lo recuerdo como algo divertido. Pero en los años cuarenta, mi abuelo obligó a mi padre a ir a una academia militar, algo que mi padre aborreció. El coronel se empeñó además en llamar siempre «Pudge»* a mi padre, que tenía propensión a la corpulencia. Tanto de niño como a lo largo de su vida adulta, mi padre fue siempre «Pudge» para su padre. Es algo que presencié muchas veces. Magnífica manera de generar autoestima. Como llamar a una hija coja «muñoncito». Bueno, quizá no tan bestia, pero aun así... bastante bestia.

La madre de mi padre era Katharine Kennedy, poetisa con un historial de problemas mentales. Cuando mi padre tenía solo ocho años el coronel Hugh y Katharine se divorciaron, algo que en los años treinta no era nada común. Mi padre nunca tuvo una buena relación con su madre, y nunca sintió mucha simpatía por ella.

No me extraña que Pudge no hablase mucho. Era hijo único, muchísimo más inteligente que los macacos que tenía alrededor: a sus trece años mantenía correspondencia con Albert Einstein y elaboraba conceptos inauditos sobre el hecho de que todo lo que puede suceder en este mundo *está sucediendo* en algún lugar. Mientras, su madre loca era alguien ajeno a su vida y su padre militar le llamaba gordo. Creció detestando la autoridad.

Katharine estuvo recluida en un sanatorio durante algún tiempo y murió poco después de nacer yo. En la buhardilla encontré un libro con sus poemas, titulado *Música de la mañana.* Copio parte de un poema titulado «Ésta fue la visión», publicado en 1937, cuando mi padre tenía siete años:

> De pronto hubo música:
> escuché; oí

* Literalmente, 'gordinflón'.

algo borroso bajo la cadencia,
algo desesperado y lejano y fiero y dulce
que llamaba...
algo cercano al núcleo de la Vida:

Vi vida en un mosaico, en dibujos como rosas
lanzadas nota a nota hacia una Cara...
bajo los acordes,
tendida hacia mí entre las notas
había algo que latía, relativo a alas y espacios,
algo ligero y generalizador
y de patrón seguro.

El coronel Hugh consideraba que la mejor manera de criar a un muchacho era echarle al agua y dejar que nadase o se ahogase. Literalmente, en el caso de mi padre: lo tiró al lago para obligarle a aprender a nadar. Por los motivos que fueran, mis padres decidieron que la teoría pedagógica de «o nadas o te ahogas» también sería buena para sus hijos. Ni a mi hermana ni a mí nos dictaron reglas. De nosotros se esperaba que aprendiésemos a hacer las cosas por las malas: haciéndolas. Evidentemente, todos sabemos ahora que ésa es una idea de locos, una muy mala idea. Los niños necesitan que les pongan algún límite. Un exceso de reglas no es bueno, pero la ausencia total de reglas también tiene tela. Si a los niños no les dejan ser niños, se convierten en pequeños adultos durante su infancia... y en adultos aniñados de mayores. Ha de ser al revés.

Mi padre conoció en Princeton a mi madre, Nancy Gore, una morena guapa y esbelta de ojos castaños; él estudiaba allí, ella era secretaria. Ella había nacido en Amherst (Massachussetts), y era la más joven de tres hermanos. Su padre, Harold Gore, era entrenador universitario de baloncesto y organizaba un campamento de verano en Vermont llamado Camp Najerog, que era el nombre de mi abuela Jan Gore deletreado al revés, más o menos. Creo que está en el Hall of Fame universitario, o en una lista de esas.

Mi padre y mi madre se casaron y se trasladaron a Alexandria (Virginia). Mi hermana, Liz, nació en 1957. A mi padre lo de los niños no le iba nada, pero que nada, así que todo lo que tuviese que ver con la prole recayó sobre mi madre. Pocos años después intentó tener otro niño pero lo perdió. Así de cerca estuve de tener un hermano gemelo muerto, como Elvis. Aunque yo nunca le puse nombre ni pasé noches en vela hablando con él.

Para cuando aparecí yo, en 1963, mi hermana, que era una rubia monísima a la que se le perdonaba cualquier cosa, tenía ya seis años y muy posiblemente estuviese ya muy tocada de tanto hundirse y nadar, pero sobre todo de tanto hundirse. Todos los líos en los que yo me pude meter más adelante no llamaban demasiado la atención después de todas las barbaridades que ella hizo. De ella lo aprendí todo.

El primer recuerdo que tengo es caerme por las escaleras en nuestra casa de Alexandria y ver que mi padre levantaba la vista del diario. Se parecía a Orson Welles. La misma perilla, la frente despejada, la cabeza y el cuerpo redondeados. Fumaba tres paquetes de Kent al día, siempre con una pequeña boquilla que sostenía entre unos dedos de uñas excepcionalmente largas.

Cuando cumplí dos años nos trasladamos a una urbanización nueva construida en una antigua explotación agrícola de la Guerra Civil en McLean (Virginia), en lo que pronto sería un creciente suburbio a las afueras de Washington DC. Mi padre trabajaba entonces en el Pentágono y era uno de los «geniecillos» (así los llamaban) de Robert McNamara. Después de que su posible genialidad hubiera quedado descartada tras una desastrosa cumbre organizada en Copenhague, necesitaba un trabajo de verdad y la guerra de Vietnam pagaba bien. En el sótano teníamos un teletipo que constantemente imprimía comunicados del Pentágono. El sótano estaba también atestado de cajas de comida liofilizada y de armas. No estoy seguro de qué es lo que esperaba mi padre, pero el saber que tenía contactos muy directos y que había optado por prepararse para el Apocalipsis no me hacía sentir precisamente seguro.

Estábamos a mediados de la década de los sesenta, y la gente empezaba a tener ideas bastante peregrinas. Mi padre desde siempre se había pirrado por las ideas y los aparatos nuevos, y por eso éramos siempre los primeros en tener las últimas novedades, como el microondas o el reproductor de vídeo. Por desgracia, los primeros aparatos eran siempre los peores. Nadie sabía todavía cómo hacerlos bien. Aún sospecho que aquel mamotreto que llamábamos microondas irradiaba mierda cancerígena por toda la casa.

Nuestra casa estaba todavía a medio construir cuando nos mudamos. La urbanización consistía en unas cuantas casas de muestra, y el prototipo de nuestra casa tenía un sótano, una planta baja y un piso superior. En la parte trasera de la planta baja había una sala que los propietarios podían convertir en una pequeña sala de baile|fiestas o en una minúscula piscinita. Era una de esas ideas de bombero de los sesenta, y todos los vecinos con dos dedos de frente optaron por la sala en sus casas, pero mi padre prefirió la piscina, cómo no, que era diminuta y ridícula y que con el tiempo causó muchos problemas. Podríamos haber aprovechado el espacio para algo más práctico, pero la mía no era una familia práctica. Éramos los raros del vecindario, eso seguro. No había padres como el mío. El resto de los padres jugaban a fútbol con sus hijos, dirigían equipos infantiles de béisbol, organizaban barbacoas, etc. El mío vivía sentado.

Vivíamos a escasos kilómetros de la CIA, y nuestros vecinos eran una curiosa mezcla de espías de la CIA, diplomáticos extranjeros y funcionarios del gobierno. Luego estaba la gente de Virginia, los garrulos que habían crecido allí y la comunidad negra que llevaba establecida más de un siglo en la zona. Una de las casas nuevas de nuestro vecindario había sido construida frente al cementerio de su iglesia, que estaba plagada de viejas lápidas con nombres como GEORGE WASHINGTON y ABRAHAM LINCOLN cincelados sobre ellas.

Durante los años que vivimos juntos, mi padre fue siempre una presencia constante en la mesa del comedor: garabateando anotaciones físicas aparentemente desquiciadas sobre cuadernos amarillos, leyendo el periódico, bebiendo gin-tonics y fumando Kent. Luego se trasladaba al salón y veía las noticias y se quedaba amodorrado en el sillón, siempre en la misma postura, boca abajo con una pierna colgando sobre el respaldo del sofá, con lo que los chavales del vecindario que espiaban por la ventana luego podían meterse conmigo porque mi padre «se tiraba» el sofá. Roncaba mucho. Mi madre y Liz se turnaban en darle codazos y en darle la vuelta para que dejase de roncar. Pero no había manera; lo único que podíamos hacer era subir el volumen de la tele hasta que era posible oír a Walter Cronkite a una manzana de distancia.

Mi padre era tan poco comunicativo que yo pensaba en él como parte del mobiliario, algo que estaba ahí, sin más. En las escasas ocasiones en las que se animaba resultaba fascinante para mi hermana y para mí. Era algo muy poco frecuente y totalmente inesperado. Teníamos un viejo gato siamés llamado Tut que estuvo enfermo durante años (por culpa del microondas, seguro) y que se pasaba el día maullando de manera espantosa. Mi padre no parecía darse cuenta de ello, como tampoco era capaz de darse cuenta de nada. Pasaron unos cuantos años, y llegó un día en el que el gato maullaba como de costumbre cuando mi padre levantó la vista del diario y muy sereno dijo: «Cállate».

Liz y yo nos miramos. El gato siguió maullando quejicoso desde la habitación contigua, y mi padre subió un poco el tono de voz.

—Que... te... CALLES.

Estábamos fascinados. ¡Había hablado! ¡Había algo que le afectaba! El gato siguió a lo suyo. De repente, a mi padre se le enrojeció la cara y una mirada demente cruzó por sus ojos. Tiró el periódico sobre la mesa, se levantó de un salto de su silla y con voz estentórea y enajenada dijo:

—¡CALLA... O MUERE!

Aquel exabrupto nos encantó a Liz y a mí, en parte por lo novedoso y en parte por lo exótico y emocionante de ver al viejo expresar emociones. «Calla o muere» se convirtió en una de nuestras expresiones privadas durante mucho tiempo. Lo de las frases privadas era algo muy nuestro. Otra de nuestras favoritas era «¿dónde coño está el *Newsweek*?», nacida en otro arranque de genio. Liz y yo procurábamos que frases de ese tipo fuesen longevas, y algunas de ellas sobrevivieron durante varios años. Incluso la manera en que tratábamos a nuestros padres acabó siendo cosa de chiste. Empezamos a llamarles «padre» y «madre», así, a lo pijo, solo para echarnos unas risas, y acabamos manteniéndolo durante años. Al final optamos por la versión opuesta, «ma» y «pa», y con esos nombres se quedaron durante el resto de sus vidas.

De pequeñito yo estaba enamorado de mi madre, y vivía obsesionado con sus pechos. Ya está, ya lo he dicho. Años más tarde aprendí durante una terapia que esta confesión en realidad señala una de las cosas más normales de toda mi educación. Mi madre era muy infantil para según qué cosas y parecía vivir su vida para ayudar en lo que pudiera a los demás. Pero su familia era de Nueva Inglaterra, y la habían educado para no mostrar sus emociones; en consecuencia, a veces podía ser involuntariamente cruel y excesivamente crítica. También era proclive a súbitos ataques de llanto que me hacían sentir indefenso. Para mí resultaba muy difícil, porque me hacía falta una madre, y a raíz de aquello me sigue haciendo falta una (no se preocupen, señoras, ya sé que no puede ser, y lo he aceptado). A medida que me hacía mayor, empecé a ver a mi madre cada vez más como una hermana o una hija.

No hay nada comparable a la indefensión y la confusión que sentía en los días de llantinas, como un día que estaba pasando el aspirador por el salón. Creo que yo tenía por entonces tres o cuatro años y estaba por allí cerca sentado en el suelo jugando con unos cochecitos. Que yo recuerde no pasó nada especial, pero de repente apagó el aspirador, tiró la boquilla al suelo y se puso a llorar. Subió por las escaleras aullando palabras ininteligibles entre lágrimas y con un chillido que retumbó en mis oídos se encerró con un portazo en su habitación. Cosas así.

Pero luego, a los pocos días, tropecé con el cable del flamante tren eléctrico que acababa de montar y las vías y vagones salieron volando en todas direcciones. Rompí a llorar y salí corriendo de la habitación. Mi madre llegó a toda prisa desde la cocina y me detuvo. Me tomó de la mano con toda la ternura del mundo y me llevó de nuevo a donde estaba desperdigado el tren. Empezó a recoger las piezas de la vía y me dijo: «No te preocupes. Esto va aquí. Y esto aquí. Verás como lo reconstruimos».

Tenía la mala costumbre de mirarme siempre con aire de desaprobación, y si a alguien le gustaba algo de lo que yo hacía, soltaba cosas como «¿y a ése qué le pasa?», pero me quería. Lo digo en serio, me quería mucho, tanto como sabía. Casi nunca sabía hacer de madre como Dios manda, pero me quería muchísimo a su manera. Me hacía sentir verdaderamente especial, y es muy posible que ése sea uno de mis principales problemas ahora. Una vez te han adiestrado para ser especial no te sientes cómodo no siéndolo. No me dio ese amor demente e incondicional que la madre de Frank Sinatra le daba a Frank (en plan «mi hijo es lo mejor de este mundo», para entendernos); siempre había condicionantes, y yo no siempre era para ella lo mejor de este mundo, pero saltaba a la vista que yo era su hombrecito, ¿sabéis lo que quiero decir?

Entre ella y mi padre, nunca tuve la impresión de que en casa hubiese alguien con autoridad, alguien cuerdo. Sé que me sentía solo y responsable de mi propio destino, por muy poca influencia que tuviese yo en él. Ninguno de nuestros padres hablaba directamente o en privado con nosotros de nada importante. La soledad es algo que nos inculcaron.

Mis padres tenían uno de esos «matrimonios abiertos» de los setenta. Yo no era consciente de ello en aquel entonces. La discreción se les daba bien. Me enteré mucho más adelante, cuando mi madre y yo mantuvimos varias conversaciones a corazón abierto. ¿Quién habría podido imaginar que aquel tipo tan callado de la mesa del salón tenía una vida social, y además de ese tipo? Me imagino qué pasaría después de que yo me hubiese ido a la cama. Supongo también que sería algo ocasional, una aventurilla aquí y allá, tanto por parte de él como de ella. Pero permanecieron juntos hasta que la muerte los separó. No sé si habéis visto *La tormenta de hielo*. Posiblemente quisiesen ser modernos, adaptarse a los tiempos. Mi madre había pegado en su Vega azul una pegatina en la que se leía NORML (creo que se refería a la legalización de la maría). Mi padre conducía un Cadillac de segunda mano con una radio de radioaficionado bajo el salpicadero. Su alias de radioaficionado era «Científico Loco».

Una de las cosas que debo mencionar es que de niño se me

hizo muy cuesta arriba darme cuenta de que los objetos inanimados no tenían sentimientos ni eran capaces de pensar. Era algo a lo que daba vueltas constantemente, pero no era capaz de entender que el armarito del baño, por ejemplo, no tenía sentimientos, y que desde luego no estaba pensando nada en ese momento. Intentaba imaginarlos como simples piezas de madera o metal, pero no acababa de tener sentido. Me acuerdo de estar al borde de las lágrimas, de pie en el baño, mientras mi madre intentaba hacerme comprender que no iba a hacerle daño al armarito del baño si lo cerraba con demasiado ímpetu. Yo consideraba al armarito uno de mis muchos amigos. Quizá lo que me confundía es que identificaba a mi padre con un mueble. Superé esa fase más o menos hacia la época en la que me desperté una noche y vi que mi madre salía de puntillas de mi habitación después de haberme dejado debajo de la almohada los cincuenta centavos del ratoncito Pérez.

Andaba siempre ocupadísimo construyendo y montando cosas. Empecé haciendo ciudades con mis cochecitos y las vías del tren, y luego empecé a inventarme cancioncillas en el piano vertical que mi madre se había llevado consigo desde Massachusets. Iba de puerta en puerta invitando a los vecinos y les cobraba entrada para ver los números de marionetas que organizaba en nuestro salón. Establecí en el sótano mi propia «estación de radio» y tiré un cable hasta el comedor, donde instalé un megáfono cutrísimo: a partir de entonces, mi familia tuvo que sufrir mis largadas y mi música durante las comidas, con una calidad de sonido similar a la de las notificaciones por altavoz de un episodio de *M*A*S*H*, una serie que recuerdo constante en el televisor del salón.

Cuando tenía seis años vi una batería de juguete en el mercadillo organizado por el vecino de al lado. Volví corriendo a casa y les supliqué a mis padres los quince dólares que costaba. Me los dieron, y para ellos empezó una vida aún más ruidosa. Por lo visto, tenía cierto talento innato para la percusión, y en breve me convertí en un buen batería. Todos parecían muy impresionados. Siempre tocaba en bandas de chavales mayores. Entonces era Marky, el chavalín que andaba por ahí con los mayores. Ahora lo más normal es que yo sea el más viejo en mis bandas, y todavía se me hace raro, después de tantos años siendo el más joven.

En el colegio empecé con mal pie, aunque creo que prefiero decir que el colegio empezó con mal pie conmigo. Vivíamos en la casa más próxima a la escuela primaria local. Poco después de empezar a recorrer cada día el corto camino hacia las clases, me deprimí pensando que tendría que hacer ese mismo camino otros seis años y luego... más colegio. Durante mi primer mes en primero, la maestra (vamos a llamarla «señorita Mala Puta») me acusó de hacer trampas en una prueba de matemáticas y me humilló delante de toda la clase. Una prueba de mates de primero, del estilo de «¿cuántas manzanas hay en el barril: 2 o 3?». Yo estaba distraído, mirando por la ventana para evadirme del tedio absoluto de estar allí encerrado, y de repente la maestra me llamó a su mesa y comunicó a la clase que Mark Everett había hecho trampas y había estado mirando lo que escribía el del pupitre de al lado.

Llegué hasta su mesa con las piernas temblorosas y le dije la verdad: no había copiado, simplemente había estado mirando por la ventana. Vale que no he heredado el talento de mi padre para las matemáticas (de hecho acabé suspendiendo el curso de álgebra más fácil en noveno) pero tenía clarísimo cuántas manzanas había en el puto barril. Me miró por encima de sus gafas puntiagudas, se ajustó el severo moño de maestra y con una mueca aterradora insistió en que reconociese que había copiado. Yo lo negué todo.

—Mark, estabas haciendo trampas. Reconócelo.

—No hacía trampas.

—Venga, Mark. Hacías trampas. Reconócelo.

—Que no.

Por fin, tras cinco o diez rondas de ese toma y daca, y para escapar de una vez a la humillación, me rendí y dije: «¡Vale!, ¡he copiado!».

Rompí a llorar y me mandó a mi pupitre. De vuelta a mi mesa, mientras me hundía en la silla, pude notar cómo mi ánimo se escabullía en mi interior intentando esconderse.

Seguí yendo a pie a la escuela cada día, pero ya no fue lo mismo. Toda la confianza, toda la extroversión que pudiera haber tenido se habían esfumado. Empecé a vivir en mi interior, viviendo de puertas afuera en modo automático. Si el mundo real era así no me interesaba. ¿Qué había aprendido hasta entonces? Que se puede declarar culpable a un inocente. Incluso hoy conservo un complejo: siempre que alguien ha hecho alguna, y no se sabe quién es ese alguien, y aunque nunca soy yo el responsable, me entra el nerviosismo y pienso que mejor será actuar «con naturalidad» para que no sospechen de mí, como si yo fuese de verdad el culpable. Muchas gracias, señorita Mala Puta.

Empecé a ir con la cabeza siempre gacha. Me sentía bien estando solo y tocando la batería.

Al final del curso hubo un festival de talentos de los alumnos de primero, y allí debuté en el mundo del espectáculo. Toqué mi batería de juguete acompañando una grabación de «La bandera cuajada de estrellas». Como canción para soltarse el pelo era una elección bastante rara, y la escena resultó algo ridícula. Monté deprisa y corriendo mi batería frente al público que abarrotaba el comedor de la escuela y le entregué el disco a la señorita Edie, la regordeta profesora de segundo que ejercía de maestra de ceremonias. Sacó el disco de su funda, lo puso en el tocadiscos monofónico de la escuela y posó la aguja sobre los surcos. La versión instrumental de «La bandera cuajada de estrellas» arrancó con el sonido de los trombones. Volví a mi batería y me di cuenta de que necesitaba una silla para sentarme, o no podría tocar. Salí corriendo hacia la señorita Edie, que no entendía lo que le pedía.

—¡UNA SILLA! ¡NECESITO UNA SILLA!

—Ah... quieres una silla. Vale, vale. A ver si te consigo una.

Se acercó a una mesa del comedor y empezó a buscar una silla libre. Al final obligó a un chico a ponerse de pie. Me la trajo hasta donde yo estaba y enseguida me instalé detrás de la batería e intenté retomar el ritmo a media canción. Iba por el pasaje en el que dice «y el rojo resplandor de los cohetes», y yo me arranqué con un espectacular redoble de timbal que empezaba muy suave con el principio de la frase y terminaba a todo volumen con estruendo de platos al acabar. La gente se volvió loca. Cuando acabé, la cafetería explotó en aplausos.

Así comenzó el extraño universo paralelo de mi vida: vivo escondido dentro de mí mismo en la vida real (para evitar el dolor y la humillación), pero en cuanto subo a un escenario trato de montar un número apasionado y sentido. Es la hostia.

En mi clase de primero había un niño negro, y nos hicimos amigos. Vivía en el barrio negro cerca del cual se había construido nuestra urbanización. Yo iba a menudo a su barrio y pasaba tiempo con su familia después de clase. Un día volví a casa y les dije a mis padres que quería ser negro. Si hubiera sido posible me lo habrían consentido.

En segundo conocí a un chaval rechoncho de pelo alborotado llamado Anthony Cain, aunque todo el mundo lo llamaba «Ant». Tenía mi edad y vivía una calle más allá. Recuerdo el momento en que lo conocí. Yo iba empujando mi bici por la calle y él estaba en el centro de la calzada con un grupo de chavales arremolinados a su alrededor. Le estaban viendo representar su propia versión de un concurso televisivo, *¿Hay trato?*: se llevaba las manos a las mejillas como las mujeres que resultaban escogidas por el presentador y chillaban «¡MONTY! ¡MONTY! ¡MONTY!». Me gustó lo que hacía. Él era un gordinflas, yo un esmirriado. A él también le confundían a veces con una chica, y también era de los últimos en salir escogido en la selección de equipos, además de que le gustaba subirse a un escenario. El vínculo que establecimos se ha mantenido con vida durante tres décadas. Él fue quien me animó a escribir este libro.

Uno de los comentarios malintencionados sobre mi físico que más me gustan me lo dedicó un chaval a propósito de lo huesudo de mis miembros. Me dijo: «le he visto mejores brazos a un tocadiscos». Los niños pueden ser muy crueles, pero reconoceréis que la frase está muy bien.

En tercero, un par de empleados de la dirección vinieron a mi clase y me sacaron del aula. De camino a la oficina estaba asustadísimo e iba pensando en todo lo que podía haber hecho para meterme en un lío (gracias de nuevo, señorita Mala Puta). Cuando llegamos al despacho me sentaron en una silla y me explicaron que había hecho un test de aptitud tan brillante que no estaban seguros de que tuviese que estar todavía allí. Yo tampoco estaba muy seguro de si debería seguir allí, pero acabé quedándome otros tres años. Más o menos.

El aburrimiento y el desinterés que sentía por la escuela se mantuvieron a lo largo de todo mi periplo educativo. De principio a fin. Aborrecía cada instante y casi siempre sacaba malas notas. Simplemente no estaba por la labor. Me asqueaba tanto ir a clase que empecé a fingirme enfermo para no tener que ir. En quinto me hice el enfermo tantas veces que pasé más días lectivos fuera de clase que dentro.

Una de las alegrías de mi vida era mi hermana Liz. Era la mejor. Estábamos muy unidos, pese a que me llevaba seis años. Me dejaba acompañarla en muchas de sus actividades y andar con ella y sus amigos mayores. Entre las actividades se incluía fumar marihuana, beber cerveza y escuchar música. Era delgadita y rubia y tenía las tetas grandes, y todo el mundo quería tirársela (y posiblemente lo consiguiesen), así que siempre había cerca chavales mayores con los que andar y dejarse corromper. Me encantaba ser parte de un grupo de mayores.

Liz y yo nos lo pasábamos de miedo, incluso cuando yo era muy pequeño. Cuando la niña de la casa de al lado me llamó retrasado, Liz salió enseguida a defenderme: «¡A mi hermano no le llames retrasado!». Conmigo era siempre buena, y eso pese a las putadas que yo le hacía, como comerme la masa de las galletas directamente de la nevera y mentirle luego a mi madre para que se las cargase Liz, mientras yo le hacía muecas y le sacaba la lengua a espaldas de mi madre.

Y eso por no mencionar el incidente de los malabarismos con las bolas de Navidad. Cuando yo era muy pequeño hubo un pariente, no recuerdo quién, que les regaló a mis padres dos bolas navideñas de adorno, una amarilla en la que ponía LIZ y otra roja con mi nombre. A Liz y a mí se nos ocurrió que la primera de las dos que se rompiese señalaría quién de nosotros dos moriría primero. Unas navidades, cuando yo tenía nueve o diez años, andaba yo haciendo mi numerito habitual de malabarismos con las bolas navideñas de LIZ y MARK como hacía cada año para poner a Liz de los nervios. Ella me pedía que parase, como hacía cada año, porque no tenía gracia; y efectivamente, la bola amarilla de LIZ se me escurrió de la mano. Intenté pararla con la palma pero no pude cogerla. Se hizo añicos contra el suelo. La bola de MARK sigue hoy intacta. Ojalá hubiera sido la de MARK la que se me cayera aquel día.

Casi siempre lo pasábamos bien estando juntos, pero también teníamos nuestros más y nuestros menos, como todos los hermanos. Una vez, Liz se enfadó conmigo porque me había puesto a tocar la batería en casa, y en pleno solo se me acercó y me arrancó las baquetas de las manos. Luego me las escondió, y yo le dije que algún día grabaría un disco y lo titularía *Pese a Liz*.

Mi otra gran alegría era la música. Desde el mismo momento que tuve mi batería de juguete a los seis años anduve siempre metido en la música. Pero nunca en lo que les gustaba a los chicos de mi edad. En el colegio, la gente escuchaba cosas del palo de «You Light Up My Life». Yo escuchaba las cosas que me pasaba Liz, casi todo rock antiquísimo. Hacía años que los Beatles se habían separado, y la música de mediados de los setenta no me interesaba.

John Lennon salía mucho por televisión, presentando su embarazoso numerito de hippie concienciado, el tipo de historias que daba ánimos a familias descoyuntadas en plan *La tormenta de hielo* como la mía. Pero el disco que sacó con la Plastic Ono Band era algo muy especial. Visto desde ahora se hace raro que un disco así pudiese entusiasmar tanto a un crío de diez años: una de las estrellas de rock más famosas de todo el mundo escarbando en la raíz misma de sus problemas, aullando de dolor ante la pérdida de su madre. Un fracaso de crítica y público en el momento de su publicación, y aun así a mí me decía algo, no sé por qué.

Recuerdo que cantaba una canción de aquel disco, «My Mummy's Dead», mientras acompañaba a mi madre a hacer recados en coche. «¿No puedes cantar otra cosa?», me pedía ella, algo bastante razonable. Más adelante quise devorar todos los géneros de música, y pasaba por fases muy intensas en las que quería aprender todo lo posible y escuchar cuanto cayese en mis manos de country, soul, clásicos, bluegrass... siempre algo distinto. Un año me dio de mala manera por Marvin Gaye, y al siguiente por Merle Haggard. Cuando Prince apareció fue la primera vez que me interesé por algo en el preciso momento en que sucedía, en lugar de escarbar en el pasado.

Lo que me encanta de John Lennon (y de Elvis Presley, ya que estamos) es que era gente muy insegura, y eso para mí es lo que los hace artistas absolutamente humanos. Por mucho aplomo que le echasen, al final siempre tenías la sensación de haber experimentado algo real, algo humano. Pon cualquier disco de Elvis, incluso uno de los peores (especialmente uno de los peores) y oirás cómo cada inflexión rezuma inseguridad. Eso es algo que los artistas de hoy ya no transmiten. Están ocupadísimos dándoselas de duros.

Debía yo de tener doce años cuando un avión se estrelló en nuestro vecindario. Aquella noche estaba solo en casa, sentado en la alfombra de color vómito del salón viendo *What's Happening* en la tele. A través de las cortinas empezó a relumbrar una luz anaranjada. Luego oí una especie de aullido cada vez más cercano y ensordecedor. De repente hubo una enorme explosión de sonido. La casa tembló como si la hubiese sacudido un terremoto (experiencia que he tenido años más tarde). Las ventanas temblaron y Tut chillaba sin parar. Como vivíamos tan cerca de Washington DC, pensé que estábamos siendo bombardeados.

Tut subió corriendo por las escaleras para esconderse y yo fui tras él con el corazón en la boca, sin saber muy bien qué estaba haciendo. Volví a bajar las escaleras y encendí la radio de radioaficionado que mi padre tenía en la repisa de la cocina, pero entonces se me ocurrió que quizá la casa estuviese ardiendo y que mejor sería salir a la calle.

Salí descalzo a la calle intentando entender qué estaba sucediendo, lo mismito que el programa que había estado viendo por la tele. Me acerqué corriendo a la enorme columna de humo recortada por las llamas y las luces de emergencia contra el cielo nocturno, y a mi paso vi asientos y ceniceros y cuerpos desmembrados y desperdigados por todo el vecindario. Una casa había quedado demolida por completo, y cerca de allí había varios cadáveres tendidos en el parque. Cuando mis pies descalzos tocaron el asfalto aceleré y pensé en toda esa gente que hacía un instante estaba viva y ahora estaba muerta, y en lo muy vivo que me sentía en ese momento.

3

Primera novia

En sexto empecé a caerle bien al marimacho de la clase. Vamos a llamarla Jessie, porque quizá siga viva y no quiero ponerla en un compromiso. Teníamos más o menos la misma pinta. Los dos teníamos el pelo castaño y aproximadamente igual de largo. Para ser niña, ella llevaba el pelo corto, y el mío era muy largo para un niño. En clase yo no abría mucho la boca, pero ella era extrovertida y empezó a hablar conmigo y a pasarme notas durante las clases. Era hija de un congresista. En nuestra primera «cita» me enseñó a jugar a «beso, atrevimiento o verdad» un sábado por la mañana en la cabaña del árbol de detrás de su casa. Me dijo que me bajase los pantalones y me tumbase sobre ella. No podría haberme hecho más feliz.

Estaba enamoradísimo de ella y creía que en cuanto pudiésemos nos casaríamos. No podía dejar de pensar en ella. Íbamos juntos al centro comercial, o a patinar sobre hielo, o al cine, y siempre lo pasábamos de miedo. Escribí mi primera canción de verdad al piano pensando en ella, pero nunca me atreví a tocarla estando ella delante. En la hora de gimnasia, cuando tocó aprender bailes en cuadrilla, el profesor inmediatamente nos emparejó. Estábamos siempre juntos. Las notas que le pasaba en clase eran cada vez más largas y estaban llenas de espantosos poemas adolescentes. Después de clase íbamos a mi casa, nos desnudábamos y nos metíamos debajo de las sábanas de la cama de abajo de mi litera, y allí intentábamos follar. No sabíamos lo que hacíamos, pero me encantaba. Estar a su lado, olerla, tocarla era lo más extraordinario que me había pasado nunca.

Aquello continuó varios meses, hasta llegado el invierno. Los profesores y los demás chavales sabían que éramos «novios», pero como solo teníamos once o doce años nadie podía imaginarse lo colado que estaba por ella, ni que cada día estuviésemos desnudándonos juntos después de clase. Nunca se me ocurrió hablar con los otros chicos de mi clase sobre lo que ella y yo hacíamos. No se lo habrían creído, ni tampoco habrían entendido todo lo que significaba para mí.

Un día mientras la maestra hablaba sobre Alaska y Hawaii o yo qué sé qué me llegó una nota que decía:

QUIERO CORTAR CONTIGO PARA SALIR CON OTRO. ¿VALE?

Me quedé tieso. Se me anegaron los ojos y me costó Dios y ayuda no ponerme a gimotear en plena clase de geografía. Desconcertado, esforzándome hasta lo imposible por mantener la compostura, le escribí una respuesta y se la pasé:

VALE. ¿TE IMPORTA QUE PREGUNTE CON QUIÉN?

En su respuesta me informó muy asépticamente que era con un chaval de otra clase.

Me pareció que mi vida se había acabado. Alguien había conseguido sacarme de mi caparazón, pero aquello era el pasado. ¿Cómo iba ahora a seguir viviendo? Nunca se me ocurrió pensar que la vida tendría que volver a ser como antes de conocerla. Habría preferido cualquier otra sensación al terrible dolor de perderla. Ya sé lo que estás pensando, «venga ya, que tenías solo once años», pero para mí fue descomunal.

Ya no sabía cómo portarme delante de ella en clase, y opté por las sonrisas forzadas y las conversaciones triviales. Fue espantoso. Me pasaba las frías y nubosas tardes vagando por el vecindario, con la gorra de lana hundida sobre la frente y llorando, sintiéndome abandonado y deseando morir. Estaba convencido de que no podía hablar con nadie de todo aquello porque nadie iba a entender la profundidad de mis sentimientos. Nadie de mi clase tenía siquiera un novio o una novia de verdad.

Al cabo de un mes, Jessie cortó con su nuevo novio de la otra clase y se buscó otro, esta vez un chaval de nuestra clase. Constantemente me veía obligado a estar a su lado mientras reían y hacían monerías juntos, incluido el baile de cuadrilla, en el que yo participaba con una pareja escogida al azar. Cómo me dolía. El resto del año escolar pasó como una larga y horrible niebla de sonrisas cordiales pero fingidas para la feliz pareja mientras yo me hundía cada vez más en mi hoyo.

Al año siguiente empecé a tomar el autobús para ir a séptimo en el instituto. No hablaba mucho, destrozado como estaba todavía por lo de Jessie, y rara vez levantaba la mirada más allá de mis melenas cuando deambulaba por los pasillos como un triste zombi adolescente. Cada vez me acostaba más tarde, y empecé a saltarme clases. Era tan retraído y tan raro que enviaron al psiquiatra del colegio para que hablase con mi madre. Cuando llegó me escabullí por la ventana de mi cuarto, atravesé corriendo el patio trasero y me encaramé al pino más alto, donde permanecí durante el resto del día.

Cuando atravesaba los pasillos del instituto iba siempre con la vista baja y procuraba mantener a toda costa la misma inexpresiva cara de póquer. Tanto tiempo estuve haciéndolo que mi mandíbula cambió, y de ser un tío dentón pasé a tener un prognatismo bastante pronunciado.

Hoy arrastro todavía los efectos de tanta hosquedad. No hace mucho, estaba frente al mostrador de una tienda de todo a cien y la cajera iba sumando lo que una amiga mía había comprado. De repente, mientras abría la caja registradora, dejó lo que tenía entre manos y me miró.

—Ya vale de muecas —me dijo.

No estaba haciendo muecas.

—¿Qué mueca? —le pregunté.

—¡Ésa! —dijo, y procedió a hacer una caricaturesca imitación de mi prominente mandíbula inferior.

—Es que... es mi cara. No le pasa nada.

Diez años después de que Jessie rompiese conmigo, mi hermana Liz volvió un día de su reunión de Alcohólicos Anónimos y me contó que mi primera novia era ahora una lesbiana alcohólica de tendencias suicidas (y viva el anonimato, ¿eh, Liz?).

4

Adolescencia problemática

El día que acababa primaria, el director del colegio me tiró a unos arbustos en un ataque de rabia. Octavo había sido muy distinto al año anterior. Pese a que era un buen batería, era también demasiado tímido y retraído para unirme a la banda escolar de séptimo. Durante el verano después de séptimo me dio por hablar por la radio de banda ciudadana que mi padre tenía en la cocina. Una noche me puse a hablar con una chica de dieciséis años que se hacía llamar «Tarta de Fresa» (mi nombre en las ondas era «Jumpin' Jack Flash»: ya, ya lo sé). Me invitó a ir en bici a su casa. Cuando se abrió la puerta apareció una chica muy guapa y muy desarrollada (yo tenía trece años, ¿vale?) con una cabellera castaña que le caía hasta los hombros. Pensaba que sería su hermana mayor, pero era ella. Demasiado buena para mí. Pero nos caímos bien, y se convirtió en costumbre ir a su casa en bici para sentarnos en el asiento delantero del coche de su padre y que me diera clases de cómo besar con lengua.

—Está bien, pero un poco menos de lengua, despacito, suave. Vamos a probar otra vez...

Tener una novia así de guapa y de mayor me hizo ganar confianza y me obligué a mí mismo a ser algo más extrovertido.

Tarta de Fresa se trasladó al poco tiempo con su familia a

Dale City, que no es que estuviese tan lejos pero que para un treceañero con bici bien podía haber estado a un millón de kilómetros. Pero ahora que volvía a tener algo de confianza decidí que me esforzaría por ser más abierto en el colegio. Me corté el pelo y me inscribí en la banda de octavo, que algunos llamaban «laboratorio de jazz» y donde tocaba la batería la primera hora de clase de cada día. No sabía leer música, y a veces ponía la partitura del revés sobre el atril y hacía como que la seguía. Pero mi habilidad natural bastó para que después del primer concierto escolar (en el que tocábamos un tema, «Foxy Funk», que básicamente consistía en un largo y vistoso solo de percusión mío subrayado aquí y allá con pinceladas de la sección de vientos) la Chica Más Guapa del Colegio decidiese que yo era mono.

Era muchísimo arroz para tan poco pollo, como se suele decir: tenía una preciosa melena de pelo castaño y un tipo espectacular, y aun así me enamoré perdidamente de ella, ciego al dolor que inevitablemente había de llegar, incluso después de la desolación que supuso que Jessie me abandonase y Tarta de Fresa se mudase. Cuando un mes después la Chica Más Guapa del Colegio me dejó, me hizo daño, pero para entonces era lo suficientemente fuerte para evitar que aquello acabase conmigo, incluso cuando me contó que le había leído mis cartas de enamorado a su nuevo novio para echarse unas risas. No debería habérmelo tomado a la tremenda, evidentemente. A esas edades, el ritmo de emparejamientos es altísimo.

Una vez has estado saliendo con la Chica Más Guapa del Colegio, las niñas monas del cole ven en ti a alguien guapete y atractivo, así que durante el resto del año tuve una sucesión constante de novietas. Fue increíble. Había pasado un año y era una persona completamente distinta. Iba a fiestas de gente popular, y además gente de mi edad, no solo a las de los amigos de mi hermana. Iba por ahí con los chavales molones y gamberretes, y yo mismo me convertí en un gamberro de cuidado. Me saltaba clases, fumaba maría en el colegio, hacía gilipolleces...

Una noche, unos cuantos amigos y yo estábamos en el patio trasero de mi casa y saltamos la verja de mi antigua escuela, y sobre el ladrillo blanco de la entrada pintarrajeé PUTA ESCUELA con un espray. Al día siguiente, los padres se encontraron con que dejaban a sus hijos en la PUTA ESCUELA. Fue lamentable. Aún me avergüenzo. Mi reputación había empeorado tanto y tan deprisa que me contaron que una madre de nuestra calle había comentado: «Ésa es una de las cosas que haría Mark Everett». Espero que mi delito haya prescrito ahora que por fin he confesado que aquélla fue una de las cosas que Mark Everett SÍ hizo.

Uno de mis mejores amigos era un chaval negro que se llamaba O'Dell. Era muy divertido, me recordaba mucho a Richard Pryor. Tenía ensayados unos cuantos monólogos en los que se refrotaba desaforadamente contra el suelo. También contaba la historia de cómo tuvo que separar a manguerazos a sus dos perros cuando se apareaban, y acompañaba la escena del desenganche metiéndose el dedo en la boca y simulando un descorche, entre otros efectos de sonido. Siempre que mi madre nos llevaba en coche a algún lado, O'Dell se sacaba de la chaqueta el cartucho de ocho pistas de Parliament Funkadelic, que llevaba siempre encima, y lo enchufaba en la radio del Vega.

Y en esas andábamos el último día de clase, vagueando cerca de los autobuses, listos para volver a casa. Estaba echándome unas risas con O'Dell y algunos amigos; el director (al que llamaremos «el señor Rabia Enconada»), un hombre alto y corpulento de escasos cabellos y gafas de concha, estaba por allí cerca con unos cuantos profesores. No sé muy bien qué le pasó, pero de repente vino corriendo hacia nosotros con los ojos desencajados y diciendo: «¡Ven aquí, gamberro!», me levantó en vilo y me tiró sobre los arbustos que marcaban la entrada a la escuela. Me pilló absolutamente por sorpresa, y a día de hoy sigo sin tener muy claro por qué lo hizo. Una de dos: o se había equivocado y pensaba que me estaba riendo de él, o bien mi fama había hecho que me considerase un símbolo de todo lo que fallaba en la escuela. Me descolocó por completo, además de hacerme un huevo de daño. Salí arrastrándome de los arbustos cubierto de rasguños, me sacudí la ropa y volví hasta donde estaba O'Dell, que me miraba con ojos como platos. Nos subimos al autobús y nos encendimos un porrete. El autobusero nos obligó a bajar sin que hubiéramos recorrido ni un kilómetro.

Para cuando comencé a ir al instituto en septiembre había empezado a perder la confianza en mí mismo. Durante el verano empecé a tener acné. Además, me pusieron aparatos en los dientes. Perdí toda la gracia que las niñas de octavo habían visto en mi pelo y en mis solos de batería. Aquel año no entré en la banda escolar; además, en el instituto había muchos más chicos que en primaria, lo que significaba también que había mucha mala gente. Y la mala gente hace que tú te sientas también mal. Me retraje de nuevo en mi caparazón, y si salía lo mismo podía ser un borde que una persona amable. Octavo fue una extraña y maravillosa excepción en el conjunto de mis años escolares. Durante un tiempo había sido bastante popular y lo había pasado bien, pero se había acabado.

Las mayores alegrías de aquellos días eran andar por ahí con Liz, fumar maría, meterme tiritos de coca y beber cerveza con ella y sus amigos. Y de vez en cuando empujar silenciosamente el Vega de mi madre hasta la calle en plena noche, llevarlo hasta donde no pudiese oírme, arrancarlo y dar una vuelta por la ciudad, dos años antes de poder sacarme legalmente el carné de conducir. Liz se fue de casa para vivir con un tío con una barba a lo Charles Manson que le doblaba la edad.

Intenté compensar la ausencia de Liz recogiendo su testigo y poniéndome ciego a la mínima ocasión. Iba a casa de mis amigos y saqueaba el mueble-bar de sus padres antes de que volviesen a casa, mezclando licores que nunca deberían mezclarse. Luego tenía que fingir que estaba sobrio cuando el padre o la madre del amigo en cuestión me llevaba en coche de vuelta a casa. Una noche iba en el asiento trasero del padre de un amigo cuando me di cuenta de que no me iba a quedar más remedio que vomitar. Durante todo el viaje había hecho lo humanamente posible para aparentar sobriedad. Me quité el gorro de lana de la cabeza y vomité en él tan silenciosamente como pude, deseando que el padre de mi amigo, sentado directamente delante de mí, no se diese cuenta de nada. Me pasé el último tramo del viaje con el gorro apretado entre las manos, procurando que el vómito no rezumase. Cuando me bajé del coche me caí redondo en unos arbustos y ahí me quedé. Me desperté a la mañana siguiente en la cama de Liz, con todo el pecho cubierto de vómito. Cuánto me alegré de no haberme ahogado, como Jimi Hendrix.

Un día, el tío de la barba a lo Charles Manson le dio un puñetazo en la cara a Liz y ella volvió a vivir con nosotros.

—¡M.E! —me gritó cuando entró de nuevo en casa—. ¡He vuelto!

Yo tenía unos cuantos amigos llamados Mark y habíamos optado por llamarnos unos a otros por nuestras iniciales. Yo era M.E. A veces abreviábamos y lo dejábamos en la última inicial. Con Liz de vuelta en casa pudimos concentrarnos de nuevo en la crucial tarea de corromperme.

Con quince años cumplidos fui a un concierto de los Grateful Dead con unos amigos míos que eran fans incondicionales. Me gustaban algunos de los discos que ponían. Tomé ácido con ellos un par de veces, y fue toda una experiencia. Recuerdo vivamente que la primera vez que me metí un ácido los cables del póster de *Who Are You* que tenía colgado en el cuarto de baño empezaron a desenroscarse como serpientes. Durante el quinto concierto de los Grateful Dead al que fui topé con un gilipollas sentado en mi asiento que además no quiso levantarse. Mientras deambulaba entre la masa de pseudohippies bailones buscando un asiento vacío tuve una revelación: gente, sois una panda de idiotas y falsos. Volví a casa y puse *Quadrophenia* a todo trapo.

Poco después, un día que como de costumbre llegaba tarde a la escuela, entré en el edificio por una puerta lateral dispuesto a llegar a la carrera a mi primera clase cuando vi en el pasillo a un chaval que conocía del gimnasio con una caja de cachorrillos.

—¡M.E! ¿A que te gustaría tener un cachorro?

Me acerqué y miré de cerca a tres cachorros de labrador que parecían de algodón.

—Estos dos están reservados, pero a ésta tenemos que encontrarle una casa. Ha bebido un poco de anticongelante, pero está bien.

Tomé al cachorro en brazos y por supuesto me enamoré de inmediato. Así es como te engatusan. Me había visto cara de pardillo y había ido directo a por mí. Lo llamé Fido, cargué con él todo el día y por la tarde lo llevé a casa. Mi madre se plantó, en uno de sus pocos arranques de autoritarismo, y declaró que de ninguna de las maneras podíamos quedarnos el cachorrillo. Fido se cagó en el suelo de mi cuarto y en la cama de Liz y se pasó la noche aullando. A la mañana siguiente vi a mi madre tomar a Fido en brazos y frotar su nariz contra la suya. Pese a los cagarros y los aullidos, a partir de ese momento estaba claro que también se había enamorado de Fido.

Por entonces compensaba los días pasados en los pasillos del instituto con los dientes apretados y la mirada gacha con tardes y noches cargadas de drogas y alcohol. La verdad es que las drogas nunca me sirvieron de gran cosa, pero no se me ocurría nada mejor. Al final me pillaron fumando maría y me expulsaron durante una semana. Poco después me volvieron a sorprender detrás de los arbustos del instituto bebiendo una botella de ginebra que había birlado del armarito de mi padre y haciéndole un cunnilingus a mi novia. Era lunes, y ni siquiera habían dado las diez de la mañana. Nos sacudimos la tierra, ella se subió los pantalones y fuimos conducidos al despacho del director, donde volvieron a expulsarme por segunda vez aquel noveno curso.

Aquel verano decidí que no iba a jugármela más conduciendo sin carné y que solo saldría con el Vega una última vez. A las cuatro de la mañana me pararon en un control y me arrestaron por saltarme un semáforo en rojo, conducir sin tener la edad mínima y robar un vehículo (pese a que era el coche de mis padres).

Esa misma semana, un chaval al que le había dejado mi chaqueta (que tenía mi nombre escrito en el forro del cuello) entró a robar en la piscina municipal y se llevó el equipo de sonido, pero se olvidó la chaqueta. La policía vino a casa y me arrestaron, aunque no fuera culpable. Menos mal que la señorita Mala Puta me había preparado para este tipo de situaciones.

Sorprendentemente, mis dos comparecencias ante el juez fueron programadas el mismo día y a la misma hora en juzgados diferentes (cuando me pararon con el coche dio la casualidad de que estaba en otro condado). Tuve que explicarle a uno de los jueces que no podría comparecer porque debía presentarme ante otro tribunal a la misma hora, lo que no contribuyó precisamente a fundamentar mis protestas de inocencia en el robo del sistema de sonido. Ponerme de pie ante el juez durante el juicio por el robo del coche me dio un miedo espantoso. La certidumbre de que podía acabar en la cárcel, o dondequiera que envíen a los chavales de catorce años, era aterradora. El juez me metió aún más miedo hablando de encerrarme, y acabó sentenciándome a pagar una multa de varios cientos de dólares, que reuní segando un montón de céspedes. Coincidió que por entonces pusieron en la tele un documental en el que un grupo de delincuentes juveniles es enviado a prisión, donde los auténticos presidiarios les meten el miedo en el cuerpo, jurándoles que los van a hacer sus mujeres y todo ese rollo. Tengo que decir que entre eso y el rapapolvo del juez consiguieron meterme suficiente miedo como para que decidiese reformarme.

Avergonzado por el hecho de que nadie iba a castigarme, opté por castigarme yo mismo. Me encerré en mi habitación y me prohibí salir a hacer nada excepto cortar césped. Dejé de fumar maría y esnifar coca y no volví a hacerlo mientras estuve en el instituto, pero tenía tan mala reputación que constantemente me venían chavales que querían que les dijese dónde comprar drogas.

En el caso del robo de los altavoces de la piscina municipal salí inocente, pero el juez me obligó a escribir una redacción de quinientas palabras sobre cómo escoger mejor a mis amigos. Por supuesto, seguí saliendo con la misma gente durante años. La verdad es que perdí un montón de tiempo con gente que no valía la pena. Algunos eran buena gente, pero no se dedicaban más que a matar el tiempo. No me extraña que no viesen ningún futuro. Cuando iba en coche con ellos les ponía un cassette de Randy Newman, *Good Old Boys.* Cuando llegaba la canción «Rednecks» les encantaba y se ponían a cantarla todos, pero no la entendían. Pensaban que era un himno:

> We talk real funny down here
> We drink too much and we talk too loud
> We're too dumb to make it in no northern town
> And we're keeping the niggers down

Aquí hablamos con un acento muy raro | Bebemos demasiado y hablamos demasiado fuerte | Somos tan bobos que no saldríamos adelante en las ciudades del norte | Y mantenemos oprimidos a los negros

O'Dell se había trasladado a Illinois y me había dejado rodeado de orgullo blanco. No eran capaces de captar la ironía de Randy Newman. La canción les gustaba por toda una serie de motivos equivocados. No se daban cuenta de que la canción se burlaba de los blancos. Estábamos en Virginia del Norte, sí, pero el racismo era allí endémico y para ellos la canción bien podría haber servido como cántico en un acto supremacista. Eran precisamente la gente de la que se burlaba la canción.

Hubo un tiempo en que salí con la hija de un urólogo suicida. Todo iba muy bien hasta que una noche le canté una canción.

—Me gusta tu voz —me dijo— pero a veces cantas como un negro.

Y a veces llegas a momentos críticos a lo largo de tu vida en los que te das cuenta de que la persona con la que has estado paseando en coche, cenando y acostándote no es ni muchísimo menos la persona adecuada para ti. Para mí aquél fue uno de esos momentos. Dos cosas me pasaron inmediatamente por la cabeza:

1) Eres una persona repugnante e imbécil y no sabes las ganas que tengo de no volver a verte.

Y 2) ¡Gracias!

No pude evitar sentirme bien tras el comentario de aquella gilipollas racista sureña, porque con toda su ignorancia y grosería me había dado a entender que musicalmente iba por el buen camino.

Debería haber pasado más tiempo con gays y con gente de inclinaciones artísticas, o con cualquier otra persona inteligente y de ideas diferentes, pero no creo que hubiese nadie así, o al menos yo no los conocía. Ojalá hubiera pasado más tiempo con gente interesada en las artes, o al menos con alguien capaz de estimularme intelectualmente. Pero el concepto mismo de estímulo mental me era completamente ajeno.

Cuando cumplí dieciséis años tuve por fin edad para conducir legalmente. Para mí fue un gran día porque me abrió nuevas cuotas de libertad. Fui en autostop hasta la oficina de Tráfico, hice el examen, recogí mi carné y volví en autostop a casa. Lo primero que hice fue pedir permiso para tomar prestado el Vega y dar una vuelta. Tampoco quería ir a ningún sitio en especial; solo quería sentir la libertad de circular por la carretera. En menos de una hora me pararon y me pusieron la primera multa, esta vez como conductor de pleno derecho. Al poli le hizo gracia que me hubiese sacado el carné ese mismo día. Con todo su acentazo virginiano me dijo: «¿Que te acabas de sacar el carné HOY? ¡Pues feliz aniversario! Jojojo», mientras me entregaba la multa.

Poco después, un amigo de Liz que trabajaba para Tráfico me regaló el carné que le habían retirado a un tipo de dieciocho años que se me parecía un poco, para que pudiese comprar cerveza. Me sirvió un par de veces, hasta que un día que llevaba a Fido al veterinario se lo entregué sin darme cuenta a otro poli que me había parado por ir demasiado deprisa.

También por aquella época vi la película *El último vals*, de The Band, y empecé a idolatrar a su batería y cantante Levon Helm. Yo seguía tocando la batería a diario en el sótano, pero quería cantar y ser un poco más líder. La batería me marginaba un poco, y no había demasiados baterías cantantes que tomar como modelo, pero Levon era excelente. Empecé a ir a sus conciertos en solitario siempre que venía a la ciudad. En esas ocasiones le seguía y le preguntaba todo tipo de chorradas (que conste que siempre fue muy paciente conmigo y extraordinariamente educado, sin importarle lo muy pesado que podía ponerme a veces).

En undécimo curso me enamoré de Cathy, una niña de barrio chungo, de cerca de la autopista 7. Era bajita, de pelo castaño claro y no especialmente guapa, pero tenía un no sé qué que me volvía loco. Hasta que un día el coche me dejó tirado volviendo de la playa, a más de doscientos kilómetros de casa. Llamé a Cathy desde la cabina de una estación de servicio y su hermana pequeña dejó caer que andaba por ahí con otro tío. Aún recuerdo el dolor de aquel día larguísimo, las horas y horas de autostop pensando constantemente en mi novia con otro hombre. Qué tiempos. Un año después se casó con un motero.

En casa, mientras tanto, habíamos caído en la rutina de siempre: mi padre sentado a la mesa del comedor, fumando, bebiendo y roncando durante el telediario de la tarde, y mi madre haciendo sus cosas e intentando que dejase de roncar. Ya podíamos Liz y yo hacer cualquier salvajada, que aquellos dos no parecían darse demasiada cuenta.

Para no tener que estar metido todo el día en el colegio, durante mis dos últimos años en el instituto pasaba la mitad de la jornada construyendo casas como parte de un programa escolar destinado a enseñarnos «conocimientos prácticos para la vida real». Como carpintero era un paquete, pero me gustaba lo de no tener que estar en clase, y por lo menos construía algo, que es una cosa que me ha interesado siempre, como cuando de niño levantaba ciudades enteras con mis trenes de juguete y luego cuando empecé a escribir canciones.

En el penúltimo curso del instituto me uní a una banda que tocaba principalmente blues y rock sureño: tocaba la batería y cantaba con ellos, y nos hicimos un nombrecito como banda para fiestas de instituto. Nos hacíamos llamar The ASAP Blues Band, porque tres de los cuatro miembros de la banda estaban en el programa ASAP, que es el programa en el que te obligan a inscribirte en Virginia por conducir borracho. Yo era el único que no estaba en el programa, y por eso me correspondió ser el conductor del grupo.

Un fin de semana que mis padres habían salido de la ciudad organicé una fiesta gigantesca en casa. Con octavillas y todo. Mi banda tocó: fue la leche. Me desperté en el salón a las cinco de la mañana siguiente. Fido andaba lamiendo un trallazo que yo no recordaba haber vomitado. La casa estaba patas arriba. La calle entera estaba patas arriba. Me pasé el día entero limpiando el vecindario y la casa, y conseguí que cuando mis padres volvieran a casa no se enterasen de que se había celebrado una fiesta. Al día siguiente volví a casa y me encontré una de las octavillas que anunciaban la fiesta cuidadosamente alisada y pegada con imanes a la puerta de la nevera. Fido había encontrado la bola de papel en un arbusto y se la había llevado a mi madre.

Liz se enamoró de un tío muy buena persona, Michael, que poco después se enroló en el ejército. Lo destinaron a Honolulú y Liz se trasladó con él. A los pocos meses le dio la vena mística y se hizo cristiano fundamentalista. De un día para otro pasó de ser la persona más encantadora del mundo al gilipollas más insoportable que pueda uno imaginar. Putadón para Liz. Fui a Hawaii para ayudarla a mudarse de vuelta a casa. Metimos el Mazda de Liz en un carguero rumbo a California y lo llevé derechito desde Disneylandia hasta El Paso (Texas), espoleado por la única experiencia que he tenido con el *speed*, obtenido a través de Liz. Cuando llegamos a El Paso solté el volante y mis ojos, abrasados por la falta de sueño, empezaron a ver monstruitos verdes en el arcén de la autopista.

A todo esto, y por si alguien lleva la cuenta de estas cosas, muchos años después la Chica Más Guapa del Colegio vio una foto mía en la crítica que hizo *People* de uno de mis discos y asistió a un concierto en Washington DC. Después del espectáculo fue a buscarme al autobús de gira. Estaba muy impresionada conmigo. A ver, no es que me haya tenido obsesionado el que le leyese mis notitas de amor a su novio para echarse unas risas, pero su gesto fue muy escasito y llegó muy tarde. Tampoco es como si se la tuviese guardada.

5

Elizabeth en el suelo del baño | Papá en la basura

—¡LIZ! ¡TELÉFONO!

Acababa de coger el teléfono de la cocina. Era Robert, el novio de Liz, que quería hablar con ella. Le di un grito a Liz, que estaba arriba, para que bajase a contestar. Luego mi madre llamó a la puerta del cuarto de Liz, y luego a la del baño. Al no obtener respuesta abrió la puerta. A continuación se dio la vuelta y con voz serena me avisó:

—Está dormida.

Pausa.

Me dio por pensar: «Son las tres de la tarde, ¿qué hace dormida?».

—En el suelo del baño —dijo mi madre.

Solté el teléfono y subí a la carrera, gritando:

—¿Y NO TE PARECE RARO?

Me encontré a Liz efectivamente dormida sobre las baldosas blancas y azules del cuarto de baño. Acababa de tragarse un frasco de pastillas: el bote vacío estaba a su lado en el suelo, con el tapón un poco más allá. Le grité que se despertara, la abofeteé, le abrí los ojos a la fuerza y seguí gritándole al oído. Nada. Le ordené a mi madre que pidiese una ambulancia.

El servicio de emergencias llegó enseguida y subió para intentar hacer lo mismo que había hecho yo. Ni idea de dónde lo había aprendido. Seguramente en la tele. La bajaron a la planta baja y la tendieron sobre la alfombra de la entrada, le abrieron la blusa y siguieron intentando reanimarla. Los vecinos habían empezado a congregarse en el patio delantero y se asomaban ya a las ventanas, intentando averiguar qué estaba pasando. Uno de los de la ambulancia fue por una camilla y en ella cargaron a Liz. Mi madre y yo nos metimos en el coche y seguimos la ambulancia hasta el hospital.

Cuando entramos en urgencias vi que mi amigo Anthony estaba allí sentado, esperando a que le tratasen una urticaria producida por una planta venenosa.

—¿Ésa es Liz? —me preguntó al vernos entrar con una mujer rubia inconsciente en camilla.

—Pues sí —dije yo.

Cuando estaba a punto de entrar en la sala de urgencias se le paró el corazón. Pasaron a «código azul», o comoquiera que lo llamen, e intentaron reanimarla. Sorprendentemente lo consiguieron. Un minuto más y habría muerto.

Aquella misma noche, en casa, mi padre apartó la vista del periódico y nos dijo:

—No sabía que estaba tan triste.

Liz llevaba tiempo algo ida de la cabeza. Su comportamiento era cada vez más errático. Cuando yo era más joven había sido maravillosa, y siempre se portó bien conmigo. Recuerdo que después de ver *El jovencito Frankenstein* (yo tendría unos diez años) Liz me llevó a la playa y yo le representé la película entera durante las cuatro horas de carretera. Para ella tuvo que ser desagradable y aburrido hasta decir basta, pero me dio todo el tiempo la sensación de estar interesada.

Con el paso de los años, sin embargo, se convirtió en una alcohólica de las malas, de esas que lo primero que buscan por las mañanas es una cerveza, una de esas cuya personalidad cambia por completo cuando beben, y no precisamente a mejor. Luego empezó a meterse heroína y qué sé yo cuántas cosas más. Para acabar de arreglarlo, empezó a volverse loca. Buena parte del tiempo estaba fuera de sí, y llegó un punto en el que me caía mal más a menudo de lo que me caía bien. Empecé a ser la persona responsable de la casa, y eso pese a ser el más joven de la familia; por entonces debía de tener dieciocho o diecinueve años. Una noche, durante una fiesta, el escritorio de Liz se incendió, y al que intentaron ocultárselo fue a mí. «Que M.E no se entere del fuego...» Más tarde vi la mesa carbonizada y le eché una bronca de mil demonios.

Pocas semanas antes yo, mi amigo Anthony, Liz y Robert, el novio de Liz, habíamos vuelto a casa después de un concierto. Robert tenía bigote y un Camaro. Aun así no era mala gente. Estábamos delante del coche de Robert, frente a la casa de nuestros vecinos de al lado. No recuerdo exactamente a qué vino pero de repente Robert empezó a comportarse como un gilipollas de los grandes, algo muy raro. Se puso a abroncar a Liz yo qué sé por qué, pero se estaba pasando mucho. Acabé diciéndole que chapase la boca y él me dijo: «Conque sí, ¿eh?» y me tiró al suelo de un empujón. Acabamos a puñetazos, rodando los dos por el césped del vecino. Liz y Anthony al final consiguieron intervenir para separarnos. Nos calmamos un poco y nos dimos la mano, pero él conservaba aún una mirada muy rara, muy poco propia de él. Como si estuviese poseído, o algo.

Entramos todos en casa a echar una cerveza, y justo cuando

llegábamos a la cocina a Robert se le acabaron de cruzar los cables: salió corriendo hacia los fogones y se armó con un cuchillo de carnicero. De acojone. Empezamos a girar en círculos por la cocina, él intentando apuñalarme, yo apartándolo con todas mis fuerzas e intentando que no me clavase el cuchillo. Liz chillaba. Anthony llamó a la policía por teléfono, vocalizando mucho para que Robert lo oyese. Cuando lo oyó soltó el cuchillo y salió por patas, dejando la puerta abierta a sus espaldas. La poli dio una batida por la calle buscándolo pero no hubo manera de encontrarlo. Más tarde le diagnosticaron un grave trastorno de la personalidad provocado por la falta de sueño, consecuencia de su trabajo nocturno.

Conseguí acabar el instituto a trancas y barrancas. Me fue de un pelo, pero al final me dejaron pasar. No sabía qué hacer, y pensé que lo mejor sería ponerse a trabajar. Encontré trabajo en la imprenta del padre de un amigo, un cabrón alcohólico y desquiciado. Hubo un día que no pude aguantarle más, y en cuanto se puso un poco borde conmigo fiché la salida y no volví nunca más.

Luego trabajé en la gasolinera Exxon de la CIA. Resultó ser un curro bastante agradable, con mucho tiempo para pensar. Me gustaba poner gasolina, limpiar parabrisas y cambiar ruedas. Era un trabajo tranquilo, y la mayoría de los clientes era gente amable y simpática, aunque hubo una vez en la que casi me despiden. Un chaval que llevaba siempre su Trans Am a la bomba de autoservicio llegó un día y yo, después de que hubiese repostado, puse el contador a cero, que es lo habitual; el tío se rebotó y con su vocecita quejicosa de adolescente me soltó: «¡Gra-acias! ¡Ahora ya no sé cuánto le he puestoooo!».

Yo le contesté: «¡Veinticincoooo y mediooo!».

Se fue corriendo al despacho y le contó al gerente lo que

había pasado y añadió: «A ese tío le van a partir la cara un día de estos». El jefe me metió una bronca de las buenas, pero tuvo el detalle de no despedirme. Eso sí, me prohibió volver a burlarme de los clientes.

También estuve trabajando en una cuadra, paleando bostas de caballo y limpiando los establos. Me gustaba aquel sitio: tenía tiempo de sobra para poner en claro las ideas, y rondaban por allí un montón de chicas guapas con sus caballos. Nadie tenía interés en despedirme, y yo no tenía ganas de renunciar. Era mucho mejor que el empleo que tuve en invierno, que consistía en zambullirme en piscinas heladas para retirar las tapas y vaciarlas.

Liz regresó del hospital. Ella y mi madre se fueron de viaje a visitar a nuestros primos en Carolina del Norte. Una noche, mientras estaba fregando los platos, mi padre entró en la cocina e inició una de nuestras escasísimas conversaciones.

—¿Estás fregando los platos? —me preguntó incrédulo.

—Alguien tendrá que hacerlo, digo yo —le respondí.

—Ah, es verdad, que ahora eres un garrulo —dijo.

Hacía poco que había empezado a presentar los domingos por la noche un programa de radio de música country en Warrenton con Ed, un amigo. Country del bueno, no la música comercial de ahora. Poníamos muchos discos de bluegrass, Merle Haggard, Willie Nelson, Buck Owens, cosas así. A mi padre le gustaba mucho *Rocky Top* y por eso lo ponía a menudo. Hablar con él estuvo muy bien. Hacía poco que me había aficionado al póquer, y era lo único de lo que hablábamos. A veces lo llamaba incluso a las tantas de la noche para que me aconsejase.

Estuvimos un rato de broma, y recuerdo que pensé que aquella era la conversación más humana y personal que había mantenido con él. Incluso me contó un chiste. Una hora más tarde salí con mis amigos Anthony y Sean a cenar a un mexicano. Cuando salí de casa me pareció ver algo desacostumbrado por el rabillo del ojo: mi padre estaba tumbado como siempre en el sofá viendo las noticias, pero del revés, con los pies donde normalmente tenía la cabeza; algo inusual, que nunca antes había visto. Pero llegaba tarde y mientras salía decidí que debía de haberlo imaginado y seguí mi camino.

Volví a casa unas cuantas horas más tarde y mi padre se había ido a la cama. Me senté en el salón a ver una reposición de *Saturday Night Live*, con Charles Grodin de presentador invitado. Me reí a carcajadas con su imitación de Art Garfunkel. Luego bajé a dormir.

A la mañana siguiente me desperté temprano porque tenía dos horas de carretera si quería llegar a tiempo para matricularme en el semestre de otoño en Richmond, pero había algo que no cuadraba. No me preguntéis cómo, pero ya entonces supe que algo no iba bien.

Subí las escaleras: nada indicaba que mi padre se estuviese preparando para ir a trabajar. No había luces encendidas y el silencio era preocupante. Entré a la carrera en el dormitorio de mis padres, preparándome para lo peor. Me encontré con lo que ya temía: mi padre, tumbado boca arriba en la cama, un poco de lado, completamente vestido encima de la colcha, con las piernas dobladas y los pies casi tocando el suelo.

Pensé que quizá se había quedado dormido así. Le dije: «¿Papá? ¿Estás despierto?». No respondió. Me entró el pánico.

—¡PAPÁ! ¡DESPIERTA, HOMBRE! —le chillé.

Lo zarandeé.

—¡VENGA, COÑO!

Me puse a gritarle al oído igual que había hecho con Liz. El hecho mismo de estar tocándole me parecía irreal. Busqué el teléfono y llamé a emergencias. Cuando la telefonista respondió le dije que mi padre no se despertaba. Me preguntó que dónde estaba y le dije que en la cama. Me pidió que lo levantase para tenderlo en el suelo y así podría dirigirme en la maniobra de reanimación. Solté el teléfono, le pasé los brazos por debajo y le levanté. Todo su cuerpo estaba rígido como un tablón. Le llevé con mucho cuidado al otro lado del dormitorio, en la misma postura que tenía en la cama, y lo deposité en el suelo. Recuperé el auricular y le dije a la telefonista que estaba tieso y que qué había que hacer ahora. Me dijo: «Oh. Esto... Espera. Enseguida llegará alguien».

En el momento mismo en el que lo decía se oyeron sirenas a lo lejos. Debía de haberse muerto durante la noche. La telefonista supo que no había nada que hacer en cuanto le dije que estaba rígido. La ambulancia llegó y se lo llevaron. Tenía cincuenta y un años. Lo taparon con una sábana y me pidieron que bajase al salón. Estaba desencajado, no sabía qué hacer. Me resultaba difícil saber incluso cómo sentirme. Mi padre acababa de morirse, pero apenas si mantenía relación con él. Y ahora estábamos los dos en casa, él y yo, solos. Pero él estaba muerto.

Un agente de policía se quedó conmigo en la cocina mientras yo hojeaba entre lágrimas un ejemplar de *Newsweek*. Lo peor de todo fue ver cómo metían a mi padre en una bolsa negra, cerraban la cremallera y salían con él a cuestas por la puerta. Ni siquiera lo pusieron en una camilla: se lo llevaron en una bolsa negra e informe, como un saco de basura. Nunca he sido capaz de borrar de mi memoria la imagen de mi padre entrando una noche en casa por su propio pie y saliendo al día siguiente en una bolsa negra.

Me acuciaba también la idea de que quizá podría haberle salvado si la noche antes le hubiese prestado algo más de atención. ¿De verdad lo había visto tumbado del revés en el sofá? Quizás entonces ya se sentía mal, pero había conseguido subir las escaleras antes de que le diese el ataque al corazón al sentarse en la cama. ¿Y si hubiese podido salvarlo con solo prestar un poco más de atención a lo que estaba pasando?

Llamé a mi madre y a Liz para contárselo. Se me hizo muy

difícil contarle a mi madre que su marido había muerto. Liz fue la que peor se lo tomó. De vez en cuando aún lo llamaba «papaíto». Pude oír al otro lado de la línea como mi madre le pedía a Liz que se sentase. Pocos instantes después pude escuchar el chillido de Liz.

Liz y mi madre regresaron aquel mismo día de Carolina del Norte. Pasamos la noche los tres juntos en la cama de mis padres. A Liz y a mí nos preocupaba que la situación superase a mi madre, y que perder a su marido y tener que pasar la noche sola en su dormitorio fuese demasiado para ella, pero pareció llevarlo con bastante entereza. Aunque uno nunca podía saber cómo llevaba nadie nada en nuestra casa.

Algunos días después mi madre regresó del tanatorio con una bolsa en la que llevaba la cartera, el reloj y el anillo de mi padre. Mi padre había sido un ateo convencido y alguna vez le había dicho a mi madre que quería que sus restos fuesen a parar a la basura. Mi madre conservó sus cenizas en una cajita, que guardó durante varios años en el cajón de un archivador, antes de cumplir finalmente con sus deseos.

6

De camarero

El tiempo que pasé en la universidad lo dediqué a tocarme las narices, una actividad que ya había perfeccionado en el instituto. Seguramente habría eclosionado musicalmente mucho antes si no hubiese perdido tantísimo tiempo zanganeando en actividades que no eran para mí. Por entonces vivía en una habitación minúscula de paredes amarillas y una litera, en una cutrísima residencia de estudiantes de Richmond (Virginia). Compartía el cuarto con un chaval negro llamado Scrappy* (no me lo invento). Scrappy era muy buen tío, y un excelente compañero de habitación, pero la habitación era diminuta. Del tamaño de una celda. Encontré trabajo sirviendo bebidas en la cafetería de la facultad. Cada noche pulía orgulloso las cafeteras y los dispensadores de refrescos que tenía a mi cargo. De vez en cuando me degradaban a friegaplatos. Como era el único blanco fregando platos, el resto de los currantes pasaba de mí. Me habían dado unos aparatosos guantes de goma, y con ellos limpiaba tan rápido como podía la vajilla que entraba con la cinta transportadora mientras escuchaba la radio; otro de los friegaplatos, un tal Babysteps, demostraba de vez en cuando el porqué de su apodo quitándose los guantes, plan-

* 'Peleón', aunque también 'rústico'.

tándose en medio de la nube de vapor y marcándose un baile en el que apenas sí movía los pies con (efectivamente) «pasitos de bebé».

Hubo tantos momentos lamentables que resulta difícil escoger uno de entre la larga sucesión de miserias que conservo en la memoria. Mi padre acababa de morirse, había dejado a mi madre y mi hermana solas en casa, vivía en una ciudad desconocida y asistía a unas clases que no me interesaban en absoluto. Había perdido mi identidad: ya no era el batería cantante de la ciudad. Estaba en un marasmo deprimente.

Tengo algunos recuerdos puntuales: por ejemplo, un día lluvioso estaba en un curso de educación física y me emparejaron con la tía más buena de la clase para practicar algunos movimientos de autodefensa. Yo había soñado con aquella chica. Me había imaginado cómo sería tener la confianza en mí mismo y las narices para pedirle que saliésemos juntos. Había desarrollado incluso una secuencia onírica en la que le pedía prestada la camioneta a mi amigo George para poder llevarla a cenar. Y ahí estaba yo, en el gimnasio, tumbado encima de ella, aplicándole una llave de judo que acababan de enseñarnos, cuando de repente ella miró al techo y preguntó:

—¿Hay goteras?

Al mirarla vi que sobre su hermoso rostro caían gotas de agua. Entonces dijo:

—Ah, si eres... ejem... tú...

Estaba chorreándole sudor por encima. Me disculpé, me levanté y al darme la vuelta ella gritó:

—¡MADRE DE DIOS! ¿ESTÁS BIEN?

Me volví de nuevo hacia ella.

—Sí. ¿Por?

El resto de los estudiantes se habían acercado y señalaban mi espalda, y ella me comunicó que había un manchurrón de sangre que se expandía sobre mi sudadera blanca.

Recorrí a pie las seis manzanas de vuelta a la residencia: por mi espalda corría la sangre de un granazo de acné reventado, uno de los muchos granos que me habían brotado en la espalda, y la gente se quedaba mirándome la espalda empapada de sangre y me decía cosas como: «¡Oye, tío! ¡Que vas sangrando!». O bien: «¡Alguien le ha rajado!».

—No, si ya... Gracias.

Por algún extraño motivo me aficioné a saltar desde un avión. No estoy muy seguro de qué me llevó a practicar el paracaidismo, visto el miedo que les tengo a las alturas. Supongo que en parte fue el deseo de sobreponerme a mis miedos y hacer algo que me hiciese sentir vivo, y no un zombi matando las horas. Cerca de donde vivía había un centro de instrucción: podías hacer un curso por la mañana y a media tarde ya saltabas de un avión. No sé cómo conseguí convencerme a mí mismo para apoyarme en la rueda del avión y agarrarme a la riostra del tren de aterrizaje, con los pies colgando por detrás y la Tierra a varios kilómetros de distancia. Después de soltarme y sobreponerme al horror de la caída libre, abrí el paracaídas: el descenso fue lo más sereno y espectacular que he hecho nunca. Lo hice unas cuantas veces más y luego redacté un trabajo para la uni sobre paracaidismo. Me enteré entonces de unos cuantos datos inquietantes: se había matado mucha más gente de la que yo pensaba. Encontré varios informes forenses de paracaidistas muertos que terminaban así: «Causa del óbito: impacto».

Decidí colgar el paracaídas.

A partir de aquel momento lo único en lo que pensé era en la música y en lo mucho que echaba de menos estar en una banda y en las ganas que tenía de escribir y grabar canciones. Pero nunca se me ocurrió que pudiese ser algo más que lo que ya había sido, el gallito del pequeño corral de mi ciudad. Nunca intenté conscientemente hacer de la música mi vida.

Empecé a buscar maneras de volver a casa de mi madre los fines de semana para grabar maquetas de dos pistas. Aquel verano le compré una grabadora de cuatro pistas al guitarrista de la que había sido mi banda en el instituto y empecé a escribir y grabar canciones obsesivamente, tocando el piano de mi madre y la guitarra acústica de mi hermana. Ni me molesté en regresar a Richmond.

En verano tuve una novia, Kim, que vivía en el campo, a una hora de donde estaba yo. Era una chiquilla muy dulce y animada, pero no exenta de problemas, de pelo castaño y bonitos ojos; la conocí a través de amigos comunes. Yo le ponía mis cintas y ella me daba ánimos y procuraba empujarme a que hiciese algo con ellas, pero no era capaz de imaginar que de ellas pudiese salir algo más que la satisfacción que me producía grabarlas.

Para Liz, las cosas iban a peor. Una noche se pilló un ciego tremendo y acabó violándola un grupo de tíos con los que se cruzó en un cajero automático. Como si no tuviese ya bastantes problemas. Entre la violación y la borrachera constante fue de mal en peor. Los tipos que la violaron eran negros, y el trauma hizo que se volviese racista. Empezó a hablar como una imbécil sureña y alcoholizada, y eso le arrebató lo poquito que le quedaba de encanto personal. Por supuesto, lo que le había pasado me dio una pena inmensa, e intenté consolarla como pude, pero el tiempo, en vez de curar las heridas, hizo de ella una peor persona.

Para entonces mi gran sueño era ser propietario de una grúa de remolque. Tal como yo lo imaginaba, era una magnífica oportunidad. Sería mi propio jefe, con mucho tiempo para pensar y poner en orden mis ideas. Tenía algo de experiencia en la asistencia en carretera de cuando trabajaba en la gasolinera, y me había gustado. Intenté convencer a un amigo para que fuese mi socio en la grúa y partirnos los turnos, pero la idea nunca llegó a hacerle demasiada gracia.

Intenté volver a estudiar y me matriculé en la universidad pública que había no muy lejos de casa de mi madre. De nuevo encontré trabajo en la cafetería de la facultad. Decidí probar todas y cada una de las bebidas de las que me encargaba por las noches y probé entonces el café por primera vez. Me enganché. Me di cuenta de que iba siempre al trabajo de mal humor, pero cuando volvía a casa estaba siempre de buenas, y con el tiempo llegué a asociar ese buen humor con el café.

Volví a dejar la uni para dedicar todo el tiempo disponible a escribir y grabar mis maquetas de cuatro pistas. Además de la batería, del piano de mi madre y la guitarra de mi hermana, me había comprado un sintetizador muy básico con caja de ritmos en la tienda de instrumentos local. Sin mayores pretensiones. Simplemente, tenía unas ganas locas de escribir canciones. Trataban de todo tipo de cosas. Algunas eran sobre chicas que me gustaban. Otras sobre lo solo que me sentía. Lo típico de muchas canciones, supongo. En algunas me planteaba qué sentido tenía la vida, o qué sentido debería de tener. En lo musical eran una mezcla entre rara e ingenua de pop, country y soul con sintetizadores y caja de ritmos. Cada semana, más o menos, tenía listo un nuevo «disco» con canciones. A cada cinta le ponía nombre, como a un disco, y luego me ponía a preparar la siguiente. A veces, los «discos» tenían un trasfondo «conceptual», como el que escribí sobre la comunidad negra de la zona, lleno de letras cursis y políticamente correctas.

Tuve curros de todos los colores, y me compré una furgoneta de cajón abierto para poner en marcha «CARGAS Y DESCARGAS MR. E», y ganarme un dinerito transportando la basura de la gente al vertedero. Mi madre dibujó unas octavillas y yo me pateé el vecindario distribuyéndolas por las casas. Pronto empezaron a llamar a Mr. E para que pasase a vaciar los áticos y llevase los trastos al vertedero. También hice de repartidor de flores de un florista local. Un día birlé una flor de cada uno de los ramos que tenía que repartir, hice un ramillete (mejor un batiburrillo), lo envolví con la octavilla de la banda con la que tocaba por entonces y se lo entregué a una chica con una pierna más corta que la otra por la que estaba coladito. Nadie se dio cuenta de que faltaban flores, y la chica quedó encantada con su ramo.

No hacía nada más que trabajar, beber café y escribir y grabar canciones. No se puede decir que tuviese vida social de ningún tipo. Kim había cortado conmigo dos veces ya, y aunque a la otra chica le gustaron las flores no fueron suficiente. Encontré trabajo como profesor asistente de música en una escuela pública para adolescentes con trastornos emocionales. Aquel trabajo me gustaba mucho. Se me daba bien y me hacía sentir bien. Cada día tenía cinco turnos de clase, y en cada clase un grupo distinto de chavales con problemas emocionales (una muy buena preparación para los trastornos de los compañeros de banda con los que tendría que tratar más adelante). Con cada grupo tocaba un instrumento diferente. A veces la batería, a veces la guitarra, a veces los teclados. Uno de los chavales era muy fan de Led Zeppelin y le regalé la baqueta de John Bonham que había conseguido durante el concierto de Led Zeppelin al que me llevó Liz en octavo. Un gesto bonito, pero muy ingenuo. ¡Que me la devuelva! Llevaba su nombre inscrito. Me imagino que ahora valdría una pasta en eBay. Seguro que aquel chaval lo vendió al día siguiente por una onza de maría.

Me recomendaron para trabajar en otra escuela para chavales con problemas, esta vez de edad escolar, y también allí estuve muy a gusto. También fui profesor sustituto en un par de colegios. Me hacía mucha gracia lo irónico de la situación: aquel tío que tanto aborrecía el colegio ocupaba ahora una posición de autoridad en la escuela. A mí me pasa una cosa, y es que cuando veo algo que no debo hacer me siento obligado a hacerlo. Dependiendo del momento, puede ser divertido o una pesadilla. Como en una clase de ciencias salida de madre, con los niños de séptimo chillando y corriendo en círculos, con los mecheros Bunsen escupiendo llamas. No fui capaz de controlarla. Otra vez mandé a un chico a la sala de profesores para que me trajese un café y volvió con una nota del director pidiéndome que fuese a verlo. Por lo visto, no se puede enviar a los alumnos a por café. Mira que habían pasado años, y aún me enviaban al despacho del director.

Me enamoré perdida e irracionalmente de una chica que trabajaba en la oficina de correos. Nunca fui más allá de darle palique cuando compraba sellos o entregaba cartas en su mostrador, pero luego andaba siempre pensando en ella. Tras varios meses reuní el valor para pedirle que saliese conmigo. Ese día, el mismo en el que explotó la lanzadera espacial, salió conmigo, y me comentó que estaba comprometida. Volví a casa y escribí una canción, «La chica de la oficina de correos se casa», y lo dejé correr.

Tenía veintitrés años, me sentía solísimo y estaba cada vez más harto de mi vida, o de no tener vida. Una tarde de verano, sentado en el porche trasero de casa de mi madre, me sentí completamente vacío por dentro, como una causa perdida, sin nada que hablase a mi favor. Algo hizo clic entonces en mi cabeza: si soy una causa perdida, ¿qué me queda por perder? Antes de rendirme y palmarla, al menos tengo que intentar hacer algo, y sobre todo tengo que salir echando leches de este páramo residencial y buscar algún tipo de aventura.

Por primera vez empecé a pensar en el futuro. Me puse a mirar y no lo vi en casa de mi madre. Me planteé lo que me había dicho Kim, que lo de la música se me daba bien y que tendría que sacarle partido. ¿Por qué no hacerlo, visto que era lo único que me interesaba y lo único que me gustaba hacer? En ese momento decidí que me mudaba y que iba a empezar una nueva vida.

Pensé que si quería hacer algo con mi música tendría que trasladarme a Nueva York o a Los Ángeles. No sabía nada de ninguna de las dos y tampoco conocía a nadie que viviese allí. Me decidí por Los Ángeles porque era la que más lejos estaba, y definitivamente quería irme lejos. Como a cinco mil kilómetros.

Me puse a trabajar como un poseso y a ahorrar dinero para la mudanza. De día mangoneaba a los chavales del colegio, que se vengaban de mí por las tardes, cuando trabajaba de aprendiz en un restaurante con la intención de convertirme en camarero. Tener a una panda de quinceañeros dándote órdenes te enseña humildad. Al cabo de un tiempo me ascendieron a camarero. Era malísimo. Una noche, en pleno escándalo Irán-Contras, me tocó servir la mesa de Oliver North y familia. Me sorprendió comprobar lo agradable que era en persona, y la buena propina que dejó. Pero no se me iba de la cabeza que quizá la propina había salido de algún fondo gubernamental.

Otra noche mi madre llevó al restaurante a nuestros primos, que estaban de visita, y yo serví su mesa. Creo que mi madre nunca ha estado tan orgullosa de mí como cuando fui camarero. Cuando se fueron, mi madre me llamó preocupadísima al restaurante. Al pasar cerca de la casa a la que Liz se había mudado recientemente con su nuevo novio, habían visto el cielo invernal iluminado por las luces rojas de media docena de ambulancias en el camino de tierra que conducía a casa de Liz, pero había demasiada nieve para acercarse a preguntar qué estaba pasando. Tiré el mandil al suelo y salí disparado hacia allí intentando no perder el control de Oro Viejo y repitiéndome una y otra vez «No, Liz, no; Liz, no». A medida que me acercaba a casa de Liz podía ver el resplandor rojo en el cielo. Salí corriendo del coche para acercarme a la primera ambulancia, y un camillero me explicó que la casa contigua a la de Liz estaba ardiendo. Volví al restaurante, aliviado porque Liz no se había matado.

Tras varios meses de compaginar dos trabajos, y después de vender mi batería, conseguí reunir una cantidad respetable de dinero. Un día cargué todas mis posesiones en el coche. Mi madre salió a la entrada y me dijo que se sentía como si su hijo se fuese a la guerra. Me eché a la autopista, sin tener ni idea de lo que me esperaba y sin conocer absolutamente a nadie en California.

7

Espero que te guste pasar hambre

Bob Dylan dijo una vez que ya de joven era consciente en secreto de su destino. Me gustaría poder decir lo mismo, pero nunca lo fui. Nunca. Lo único que sentía era desesperación y un total y absoluto desconcierto: mala combinación, muy mala. No tenía ni idea de qué cojones estaba haciendo, y si lo hacía era solo por no saber qué otra cosa hacer. La música era lo único que me apasionaba, y era una pasión que cada día se hacía más fuerte. Pero no tenía ni idea de qué podría salir de ella.

El mío era un caso desesperado, porque tal y como yo lo veía tenía dos opciones: una, rendirme y palmarla; dos, ponerme las orejeras y sacarle algún tipo de partido a mi pasión. Al optar por intentar salir adelante con mi música me metí una presión inmensa, porque no me parecía que tuviese otro asidero. Literalmente, era eso o morirme.

Cruzar América con mi guitarra, la grabadora de cuatro pistas y el resto de mis posesiones en el coche fue de lo más emocionante. Me daba la sensación de que, si quería, en cualquier momento podía dejar la autopista y empezar una nueva vida. Incluso la tormenta de hielo que tuve que atravesar en Oklahoma tuvo su punto, después de tantos años desperdiciados en casa. Cuando al fin llegué a California busqué el número de teléfono de la hermana de mi primera novia, que vivía a un par de horas de Los Ángeles. La llamé y fue tan amable de dejarme pasar la noche en el sofá: acabé durmiendo un mes entero en aquella casa. Intentando dormir, mejor dicho, porque resultaba difícil pegar ojo cuando por los conductos de la calefacción me llegaban cada noche los jadeos y gañidos de sus polvos con el novio.

Un día me acerqué a Hollywood y no pude creer lo que veía. Habiéndome criado en Virginia delante de la tele, Hollywood era para mí un sitio legendario. Cuando salí de la autopista 101 estaba que no me tenía de la emoción: delante de mí se alzaba el mismísimo edificio de Capital Records. Torcí por Vine Street y vi un corrillo de gente en la acera, cerca de aquel alto edificio construido en forma de pila de discos. Aparqué el coche y me acerqué para ver qué estaba pasando. La actriz Angie Dickinson inauguraba la estrella que Billy Vera and The Beaters habían obtenido en el Paseo de la Fama de Hollywood. Una canción suya de la serie *Enredos de familia* había sido un exitazo. Me quedé mirando, embobado, mientras Angie Dickinson destapaba la estrella y se hacía a un lado. Mientras Billy Vera pronunciaba su discurso de agradecimiento, Angie Dickinson se apartó un poco hacia la acera y se puso justo a mi lado. ¡Llevaba un minuto en la ciudad y ya me estaba codeando con una estrella de cine de carne y hueso!

Con voz entrecortada me presenté: «Ho-ho-hola, em... señora Dickinson, me llamo Mark Everett».

Angie Dickinson me miró por encima de sus gigantescas gafas de sol.

—Encantada de conocerte, Mark. ¿A qué te dedicas?

—Eh, mmh, eh... Compongo canciones.

Sonrió.

—¡Genial! Me encanta la música. Por eso estoy aquí. ¿Cómo son tus canciones?

Eché mano al bolsillo de la chaqueta y le entregué una cinta con mi último «disco» de cuatro pistas. Sonrió y me dijo que lo escucharía. Un tío con bastante pinta de guays y pendientito en la oreja se me acercó y me susurró al oído: «Angie es de la gente que quieres tener de tu lado».

Cuando me preparaba para salir de Virginia, muchos de mis amigos músicos me dedicaban comentarios del estilo: «¡Espero que te guste pasar hambre!». Ése en concreto me lo dedicó un conocido, un excelente guitarrista de Virginia que había ido a L.A. para intentar triunfar y que había vuelto con el rabo entre las piernas. No podía creerme la suerte que tenía, lo fácil que era todo. Llegas a la ciudad, conoces a una estrella de cine y la fama y la fortuna ya son tuyas. Cada vez que volvía al apartamento lo primero que preguntaba era: «¿Me ha llamado alguien?». Pero nadie me llamó nunca, claro.

Finalmente me trasladé a un pisito bastante cutre, cerca del aeropuerto de Burbank. Mudarme cerca del aeropuerto fue una gilipollez por varios motivos. Nunca se me ha olvidado el ruido que hizo aquel avión al estrellarse cerca de mi casa cuando era niño. Hubo al menos tres veces en las que un avión aterrizó demasiado cerca del apartamento y yo me tiré al suelo para esperar el impacto.

De Burbank no conocía nada excepto los chistes que Johnny Carson hacía sobre la ciudad en *The Tonight Show*. Una de las primeras cosas que hice fue acercarme a la NBC y guardar cola para asistir a una grabación del programa. Tras pasar allí un día entero, estaba a punto de llegar a la cabeza cuando nos comunicaron que estaba lleno y que podíamos irnos a casa. Entonces, cuando ya me estaba yendo, salió un ordenanza de traje azul que gritó: «¿Hay alguien que haya venido solo?».

Levanté la mano y me hizo señas para que le siguiera. Me condujo hasta el estudio y allí me indicó un asiento vacío en el centro de la cuarta fila. Después de tantos años viendo el programa en Virginia, se me hizo muy raro estar en el estudio y ver a Doc Severinsen haciendo ejercicios de calentamiento con la banda. De repente, entonaron la sintonía del programa, Ed McMahon pronunció su «¡Y aquííííí estááááá JOHNNNYYY!» y me encontré a escasos metros del gran hombre. No recuerdo más detalles de aquella noche, solo la incontenible emoción de estar sentado enfrente del mismísimo Johnny Carson.

Al poco tiempo, estaba haciendo cola en correos cuando frente a la puerta se detuvo una enorme limusina negra. Se abrió la puerta y por ella apareció Little Richard, que se puso a guardar cola detrás de mí. De nuevo una experiencia irreal para un chaval de Virginia. Little Richard esperando en correos como cualquier persona normal... ¡al ladito! Llevaba puesta una trinchera larga de color púrpura, e iba maquillado como si fuese a salir al escenario. Nerviosísimo, le comenté lo mucho que admiraba su trabajo y estuvo amabilísimo. Llegó incluso a concederme la bendición personal de Dios.

Monté mi grabadora de cuatro pistas en un armario y me puse a trabajar. Siempre que no estaba ocupado con uno de los muchos curros que detestaba pasaba las horas escribiendo y grabando enfebrecidamente mis canciones. En un mercadillo compré un viejo piano eléctrico Fender Rhodes e incorporé un nuevo sonido a mis grabaciones.

Empecé a enviar mis cintas a las discográficas y reuní una colección bastante amplia de cartas de rechazo. Cada carta era un golpe devastador. No me rendí, sin embargo. Quizás el rechazo alimentaba mi pasión. O quizá lo que me mantenía en pie era el desespero. Estamos hablando de finales de los ochenta, una época espantosa para la música en L.A., con toneladas de laca y heavy metal del malo. A nadie le interesaba el rarito aquel de Virginia que grababa sus cintas de cuatro pistas en un armario. Lo que yo hacía no tenía nada que ver con lo que en aquel momento «molaba». Pero nunca se me olvidó una frase que leí de adolescente en *Brother Ray*, la autobiografía de Ray Charles. Ray decía que tienes que encontrar en ti mismo aquello que te hace único. Ésa era la misión a la que me había lanzado: seguir puliendo mi trabajo hasta que lo que quiera que fuese exclusivamente mío empezase a relucir.

Además, no me había buscado ninguna alternativa, así que seguí dale que te pego. Pero no fue una época fácil. Angie Dickinson seguía sin llamarme y lo único que recibía eran decepciones, sin ningún tipo de ánimo. Encontré trabajo lavando coches en un taller mecánico frente al imponente edificio de PolyGram Records. A veces me quedaba embobado con la manguera en la mano, mirando el edificio con reverencia, como si fuese un monumento. A veces iba en coche con el jefe a otro taller que tenía al otro lado de la ciudad, y cada vez conseguía meterse en un altercado con alguien: una vez llegó a sacar una pistola de la guantera y empezó a gesticular con ella y a amenazar a otros conductores.

Un domingo por la mañana me compré una bici en una tienda de Burbank y estuve un par de horas dando vueltas por la ciudad. Me sentí muy bien, deambulando de aquí para allá sin tener que preocuparme de nada por una vez. Podía ir a cualquier sitio, hacer cualquier cosa: era domingo y no me daba la gana de pensar en lo solitaria y difícil que era mi vida. Pasé al lado de un cine y decidí entrar a ver una peli. Até la bici a las barras del aparcamiento y entré en la sala. A las dos horas salí y vi que alguien se había llevado mi bici. La había tenido durante cinco horas exactamente. Me llevó meses ahorrar lo suficiente para poder comprarme otra.

También entonces respondía a los anuncios del periódico en los que buscaban cantantes o compositores. Nadie sabía muy bien qué hacer conmigo. No les cuadraba. Una vez le puse una de mis cintas a un tío que había puesto un anuncio y solo supo comentar lo «poco comercial» que sonaba. Volví al calor abrasador de mi apartamento y me tumbé en el colchón que tenía en el suelo, y mientras escuchaba a Bob Dylan (el hombre con la secreta conciencia de su destino) cantar «Sign on the Window» lloré y pensé en dejarlo todo y morirme.

El minuto que iba a pasar en Hollywood se convirtió en tres años miserables de empleos tediosos hasta el desespero y de negra depresión. Gracias a Dios, tenía canciones que escribir y grabar. No tenía ningún tipo de vida social: trabajaba y grababa, trabajaba y grababa. Día sí y día también. Era lo único que hacía.

Después de vivir un año frente al aeropuerto me trasladé a un apartamento diminuto encima de un taller en Atwater Village, al lado de la autovía 5 y del «río» de L.A. (en realidad un acueducto cubierto de pintadas en el que a menudo aparecían los cuerpos abandonados de las víctimas de las guerras entre bandas). Me dieron trabajo como telefonista en una revista musical de la zona que existía principalmente para publicar los anuncios de «músicos buscan músicos» de las últimas páginas. Cuando alguien llamaba a nuestro número para poner un anuncio por palabras, yo era la voz del contestador automático que le guiaba a lo largo de los pasos necesarios para publicarlo. A veces escribía alguna crítica para la revista, pero estaba peor pagado aún que contestar al teléfono. Algunos de los redactores me llevaban con ellos a eventos de la industria musical, y allí empecé a conocer a más gente metida en el negocio, pero como de costumbre a nadie le interesaban mis canciones.

Una noche me uní a un grupo que acabó aterrizando en lo que resultó ser la fiesta de presentación del último disco de Stevie Nicks, la de Fleetwood Mac. La fiesta se celebraba en una mansión en lo alto de las colinas, y yo me sentí aburrido e incómodo, como me pasaba siempre en esas circunstancias. No eran las fiestas glamurosas y animadas que yo imaginaba. Estaban plagadas de gente aburrida y falsa, y aquello me deprimía. Decidí marcharme y me subí al minibús que iba de vuelta al pie de las colinas. El tipo que iba sentado a mi lado le pidió al conductor que cambiase de emisora porque aborrecía la canción que sonaba en ese momento. Era un tío ya mayor, de pelo cano, que me recordó un poco a Albert Finney. Secundé su petición de cambio de emisora y nos pusimos a charlar. Resultó ser John Carter, responsable de artistas y repertorio de Atlantic Records y veterano del negocio de la música, cuyo primer éxito profesional había sido escribir la letra de «Incense and Peppermints», una canción psicodélica muy popular en los sesenta. Le conté que yo escribía canciones y él, consciente de lo que inevitablemente vendría a continuación, puso instintivamente la mano. Saqué de la chaqueta la última colección de canciones que había grabado y se la di (más tarde he sabido que ese gesto tiene un nombre: «El apretón de manos de Nashville»). Siempre llevaba una cinta encima, por lo general con lo último que había grabado por la mañana, y eso fue lo que saqué del bolsillo.

A la mañana siguiente hice la compra antes de ir a trabajar. Volví con la compra a casa y vi que la luz del contestador parpadeaba. Le di al botón y saqué un cartón de huevos de la bolsa. Mientras los guardaba en la nevera, escuché el mensaje: «E, soy Carter. Muy buenas canciones, muy buenas letras, muy buenas melodías. Hablamos». Clic.

Ningún número al que llamar, simplemente «Hablamos».

8

Comprando gangas

Llamé a Información y pedí el número de Atlantic Records. Me pusieron con la secretaria de John Carter. Le expliqué que había recibido un mensaje enigmático pero esperanzador de su jefe. Ella me dijo que lo del mensaje críptico era habitual. ¿Pero iba en serio o no? Me pasó con él y efectivamente me dijo que quería que firmase con Atlantic Records.

Aquello era demasiado bueno para ser verdad. ¿De verdad iba a tener mi vida algún sentido, después de todo? ¿De verdad iba a poder hacer algo con mis canciones? ¿En serio iban incluso a *pagarme* por escribir y cantar mis canciones? Estaba pegando botes de la emoción.

Pasaron las semanas, y mi entusiasmo se fue diluyendo: no volví a oír nada de Carter. Finalmente le llamé y me contó que le había mostrado mi cinta al jefe de Atlantic, pero que no le había gustado, porque era demasiado rara, y que así estaban las cosas. Me quedé hecho polvo. Estaba acostumbrado al rechazo, pero no a que me rechazasen después de pensar que lo había conseguido. No era consciente de que hacen falta varios pasos hasta el «sí» final. Pensaba que en el momento que Carter dijo que quería contratarme ya estaba todo hecho.

Pese a estar completamente desilusionado, retomé mi rutina habitual: trabajar primero y luego escribir y grabar canciones como un poseso. Independientemente del rechazo que obtuviese tenía que seguir escribiendo y grabando porque sentía la necesidad incontrolable de hacerlo. Seguí con ello porque me encantaba hacerlo, incluso aunque nadie fuese a escucharlo. Pero también había algo que quería comunicar a la gente, y fuera del marco de una canción no se me daba bien, así que seguía siendo importante intentar que se me escuchase.

Carter me dio su número privado de teléfono y me pidió que me mantuviese en contacto. Pocos días después estaba en las oficinas de la revista, lavando la taza de café del jefe en el baño, cuando le oí decir que habían despedido a Carter de Atlantic Records.

Llamé a Carter y le pregunté qué iba a hacer ahora. Me dijo que no estaba muy seguro y me preguntó si tenía música nueva. Le dije que siempre tenía música nueva. Me acerqué en bicicleta hasta su casa de Silver Lake y le dejé una cinta con unas cuantas canciones nuevas. Volvió a dejar un mensaje de ánimo en el contestador, y así empezó otra rutina: tomar la bici para dejarle cintas en casa. Me dijo que me hacía falta un representante, y que andaba rumiando quién me iría bien. Yo le dije que él parecía entender de qué iba mi música y que quizá debería ser mi agente. Me dijo que se lo pensaría.

A los pocos días me llamó para decirme que aceptaba ser mi agente y que en breve tendría redactado un contrato de representación. Y yo, feliz. No tenía nada que representar, pero sentaba bien saber que tenía de mi lado a alguien que conocía el negocio.

Un sábado por la mañana, Carter montó un tenderete a la puerta de su casa para vaciar de trastos su chulísima casa, diseñada por Neutra. Me acerqué en mi bici, le compré un molinillo de café y una olla arrocera y le di la cinta más reciente. Poco después de haberme ido yo apareció por el tenderete Davitt Sigerson, productor discográfico y amigo de Carter. Aprovechando que estaba allí, Carter le dio a Davitt la cinta que acababa de dejarle y le dijo: «Tienes que oír a este chaval».

Davitt escuchó la cinta en el coche y cuando llegó a casa llamó a Carter. Le dijo que le había gustado mucho la cinta y que quería producirme. Carter me organizó un encuentro con Davitt, un desayuno en un restaurante de Santa Monica Boulevard pocos días después. Mientras desayunaba frente a aquel productor barbudo, con tejanos y gafas, le expliqué cuáles eran mis intenciones: tenía un montón de ideas sobre la música y quería crecer, evolucionar, probar cosas nuevas a lo largo de los años. Me dijo que creía que iba a tener la oportunidad de hacerlo.

Aquello era fantástico. Después de años de rechazo despiadado, un productor de verdad estaba interesado en lo que hacía. Seguía sin tener un contrato, pero había encontrado a otra persona a la que mi música le decía algo. Había estado hundiéndome hasta caer en una profundísima depresión, viviendo encima de un garaje en el Los Ángeles de finales de los ochenta, pero ahora al menos tenía algo de esperanza.

Y entonces, sin que nadie se lo esperase, a Davitt le ofrecieron *la presidencia* de Polydor Records. Era un paso inusitado, porque él antes había sido músico y luego productor, pero nunca había trabajado dentro de una empresa discográfica. Aceptó el empleo y le dijo a Carter que ya no tendría oportunidad de producirme pero que, en su condición de presidente de Polydor Records, uno de los primeros artistas a los que pensaba contratar era... a mí.

Carter me llamó a las oficinas de la revista para darme la noticia. Me explicó que sería un contrato muy reducido para grabar dos discos con Polydor. Cuando colgué el teléfono, me fui pasillo abajo sintiéndome ligero como el aire. Era un día extraordinario, increíble. Efectivamente, el trato era muy modesto, pero me daba igual. Lo único que había oído era «grabar dos discos». Con eso me bastaba. El contrato me pagaba lo suficiente para poder dejar aquel empleo, en el que llevaba dos años y que aborrecía, y dedicar todo mi tiempo a escribir y grabar sin por ello morirme de hambre. Fregar la taza del jefe durante las dos semanas en la revista fue casi una tarea agradable, consciente de que pronto habría quedado atrás.

Ésas son las cosas que impiden que los momentos más negativos de mi vida me hundan del todo. Si resulta que este tipo de cosas no solo son posibles sino que pasan de verdad, ¿cómo puedo ser tan cínico? Yo, un crío de lo más ingenuo, había salido de casa de mi madre en Virginia para ver si era capaz de hacer algo con su música en el otro extremo del país, sin tener ni pajolera idea de si tenía posibilidades ni de en qué me estaba metiendo. Y *algo estaba pasando*. Estaba a punto de unirme a ese reducido grupo de afortunados que pueden hacer lo que quieren porque quieren... y encima me iban a pagar.

El segundo mejor momento de mi vida fue tomar el ascensor del edificio PolyGram para mi primera reunión en Polydor. Me habían invitado a una reunión para hablar de mi disco en el mismo edificio ante el que me había embobado manguera en mano al otro lado de la calle.

Empecé a reunirme con representantes de sellos discográficos interesados en publicar mis canciones. Una de ellas, Betsy Anthony, me presentó a uno de sus compositores, un tal Parthenon Huxley. Llevaba media barba, zapatos de colores diferentes y en la cabeza lucía melena por un lado y pelo corto por el otro. Me invitó a su extrañísima casita, en la colina más empinada de todo Echo Park. Nunca había andado en compañía de gente con sensibilidades artísticas, y resultaba fascinante. Era genial poder quedarse en su casa y conocer a gente cuyos intereses no se reducían a las furgonetas y los campeonatos de tractores de tiro. Echo Park estaba lleno de artistas.

Pronto me trasladé a una casita de Echo Park metida en un callejón que, si os digo la verdad, daba bastante miedo. Varias veces me reventaron las ventanillas del coche, y no sé cuántas radios me robaron, pero valía la pena si a cambio podía estar en ese mundo nuevo. Empecé a salir con la hermana de la mujer de Parthenon, la primera novia que había tenido en años. Le pregunté a Parthenon si querría producir conmigo el disco y juntos nos pusimos manos a la obra en el diminuto estudio que su vecino Jim Lang tenía en su casa, directamente enfrente de la de Parthenon. Todo iba como la seda.

Yo no es que tuviese un concepto real de la producción, y me contentaba con grabar el disco. Estamos hablando de 1991, que en realidad es como decir finales de los ochenta, y el valor que se le concedía entonces a la producción no era precisamente exagerado. Cuando estos días escucho alguna de las grabaciones que hicimos entonces, me entra una vergüenza horrible: ¡Vaya instrumentación, vaya reverberación más casposa! Aunque supongo que también tiene su encanto: suena tan distinto...

Acabamos el disco deprisa, con un presupuesto mínimo, y nos dijeron que saldría en febrero del año siguiente, 1992.

Mientras tanto, mi madre me había llamado para decirme que mi perro Fido, que tenía ahora trece años, tenía muchos problemas con las patas e iba a haber que «dormirlo» (me encanta esa expresión... Supongo que resulta muy difícil decir que ha llegado la hora de matar a tu perro). Mamá no se veía con ánimos, así que volví en avión a Virginia para ocuparme de tan desagradable problema. Lo organicé todo con mucha compostura, casi impersonalmente, pero cuando el veterinario le puso la inyección y vi que Fido meneaba por última vez el rabo se me vino el mundo encima y tuve que encerrarme en el cuarto de baño, donde estuve llorando inconsolablemente como un niño pequeño.

Liz vivía ahora con el principal traficante de drogas de Virginia, que acababa de salir de la cárcel, y mi madre tenía un novio, Bill, mucho mayor que ella. Tenía más de ochenta años. Era tan viejo que había conocido a uno de los hermanos Wright, los que inventaron el VUELO. Una mañana estaba en el comedor de casa de mi madre leyendo el periódico y entreoí esta conversación entre mi madre y Bill:

MAMÁ: ¿Y si nos acercamos algún fin de semana a Kitty Hawk?
BILL: ¿Kitty Hawk?
MAMÁ: Sí, Kitty Hawk. Allí donde vivían los hermanos Wright.
BILL: ¿Los hermanos Wright? ¡Ah, vale! Yo conocía a Orville.

A Man Called E salió según lo previsto. Como de costumbre, yo no sabía qué esperar. Una mañana estaba sentado en mi cocina de Echo Park sintonizando la radio cuando oí que en la KROQ, la emisora «alternativa», sonaba la primera canción de mi disco que llevaba el muy apropiado título «Hello Cruel World»; era mi voz, cantando:

Norman Rockwell colours fade
All my favourite things have changed
But what the hell
Hello cruel world

Se desvanecen los colores estilo Norman Rockwell | Mis cosas favoritas han cambiado, todas | Pero qué demonios | Hola, mundo cruel

¡Hostia puta! Estaba en la radio. Llamé a mi novia y le chillé: «¡SALGO POR LA RADIO!», y puse el auricular junto al aparato como hacen en las películas cuando alguien se oye en la radio por primera vez. Cuando se apagó la última nota de la canción, el locutor dijo: «Ése era EEEEE... ¡A mí me suena a éxito!».

La verdad es que la canción se convirtió en un éxito en las listas alternativas (aunque no sé muy bien qué significa eso). Sonaba por la radio constantemente, y la discográfica quería que saliese de gira. Yo no me daba cuenta de lo poco habitual que era haber firmado un contrato, sacar un disco y tener un éxito sin haber actuado nunca en directo. No había estado frente al público desde mis días de batería en Virginia.

En la discográfica no las tenían todas consigo sobre cómo resultaría yo actuando en directo. Nadie tenía puestas muchas esperanzas en el chaval que grababa sus canciones en el armario. Todos, yo incluido, nos quedamos sorprendidísimos cuando vimos que lo de tocar en directo se me daba bien. Me enviaron a recorrer el país como telonero de la primera gira americana de Tori Amos, pese a que hasta entonces nunca había estado al frente de una banda. Las únicas veces que había actuado lo había hecho detrás de la batería en fiestas y bares de Virginia. Además, salir de telonero suele ser una tarea muy poco agradecida, por lo que tenía entendido, pero el público se mostró siempre muy receptivo y a veces me pedían incluso que saliera a dar bises.

Tras la gira, Parthenon y su mujer se trasladaron a una casa en lo alto de la colina y yo me quedé con la extraña casa que hasta entonces habían ocupado en mitad de la ladera. Entonces mi novia cortó conmigo. Era una persona fascinante, muy artística, una espléndida escritora, y el suyo era un mundo en el que me había emocionado vivir (incluso sobrevivimos juntos a los disturbios de Los Ángeles), pero también fue ella la que me arrastró a unos altibajos a los que los dos nos hemos referido más adelante como «mi Vietnam» (de eso hablaré en el capítulo siguiente). Me quedé destrozado, y empecé a escribir canciones y más canciones obsesionadas con la ruptura, que luego grabé para mi segundo disco con Polydor, *Broken Toy Shop*. Había en él muchas canciones sobre lo desgraciado que era y lo mucho que odiaba a su nuevo novio. Canciones como «She Loves a Puppet»:

Got no soul
Only a haircut
He's no man
Barely a boy
Why can't she understand
That I am her true love
She loves a puppet

No tiene alma | Solo un corte de pelo | No es un hombre | Apenas un crío | Por qué no podrá ella entender | Que su amor verdadero soy yo | Está enamorada de un muñeco

Broken Toy Shop salió en diciembre de 1993, justo en el momento que se producía un corrimiento de tierras en PolyGram. Carter me llamó una noche para decirme que Davitt no seguiría en Polydor y que ya no había manera de darle publicidad al nuevo disco. Le pregunté qué iba a pasar ahora y con su brutal franqueza habitual me dijo: «Pues que no te renovarán».

9

Las chicas que me gustan están locas

A ver: éste es un tema peliagudo, y no me siento muy a gusto hablando de él, porque llevado a sus últimas consecuencias significa que yo también estoy bastante desequilibrado. Pero ahora, llegados a este punto de la historia (con la primera novia en años, pero a punto de embarcarme en una gira demencial y, en consecuencia, de cortar con la novia), creo que es el momento de abordar la cuestión. Repasemos los antecedentes.

A lo largo de mi vida ha quedado demostrado que, si estoy en una habitación y en esa habitación hay una persona capaz de convertir mi vida en un infierno, la encontraré enseguida, desearé que se ponga a hablar conmigo, me sentiré como si hubiese encontrado la pieza que le faltaba a mi puzzle, empezaré a fantasear y a ver imágenes de los dos despertándonos juntos, de nuestros hijos, de nuestras tumbas contiguas dentro de cincuenta años, y encima creeré que eso es lo que quiero. Por algún motivo que desconozco, Dios ha hecho que las mujeres que me atraen estén todas locas. Pero como resulta que no creo en Dios, imagino que en realidad es una de esas circunstancias de la vida que algo tienen que ver con la forma en la que me crié. La gente con la que trabajaba se refería a veces a cierto tipo de mujeres como «chicas para E». Así de grave era la cosa.

Si la chica tenía pinta de haberse escapado del frenopático

local, ahí estaba yo. A lo largo de los años he tenido una serie de novias capaces de pasar de la risa histérica al llanto desconsolado en cuestión de segundos.

Woody Allen tenía un nombre para esas mujeres y lo expuso en la película *Maridos y mujeres*. Para él son «mujeres kamikaze», porque no solo son autodestructivas sino que además se estrellan contra ti y te arrastran en su caída.

Tomemos, por ejemplo, a la primera novia que tuve a los tres años de estar viviendo en California, el equivalente a mi Vietnam personal. Es como en el dicho, supongo: lo comido por lo servido. Si quieres estar con una persona interesante, sensible y de temperamento artístico, la sensibilidad implica por lo general que sea sensible en una serie de cuestiones con las que no habías contado. Hoy en día mi Vietnam y yo volvemos a ser amigos y podemos reírnos juntos de la pesadilla emocional que fue nuestra relación, pero sigue sin ser un plato recomendable, como suelen decir los camareros cuando un cliente pide un plato muy picante que le dejará hecho polvo al día siguiente.

Un día estaba enamorada de mí y al día siguiente no estaba segura de haber dicho la última palabra con su ex novio y volvía con él, solo para regresar a mi lado al cabo de un par de días. Era un carrusel vertiginoso y agotador. El novio de antes de su ex novio la llamó una noche para anunciar que se casaba, y ella me llamó enseguida para que fuese a consolarla, pese a que el día antes me había dicho que no quería ni verme (evidentemente, fui a su casa y la consolé). Por su cumpleaños le escribí una canción, «Manchester Girl», convencido de que era lo más bonito y auténtico que podía regalarle. No le gustó nada. Dijo que el verso sobre «la caja de basura de Pandora» daba a entender que era mala ama de casa. Aun así, cuando cortó conmigo me dejó destrozado.

También podría mencionar a la novia que durante nuestra primera cita se quitó la blusa en el coche como quien no quiere la cosa y fue con los pechos al aire hasta que llegamos al restaurante en el que íbamos a cenar. Después de la cena volvimos a casa, nos sentamos en el sofá y empezamos a besarnos. Mientras nos besábamos se echó a llorar, huyó hacia el coche y salió disparada hacia su casa. A la noche siguiente me llamó para explicarme que había salido huyendo porque había sentido la presencia de un antiguo novio en la habitación.

Y aun así seguí viéndome con ella. Otra noche me llamó dispuesta a suicidarse porque había oído que su ex novio tenía una nueva novia. Me pasé la noche entera disuadiéndola.

Luego está aquella otra novia que sentía siempre unos celos terribles por unas aventurillas imaginarias que nunca tuve, y que en uno de sus arranques psicóticos pegó un portazo tan fuerte que un espejo se cayó de la pared y se hizo añicos contra el suelo. Estoy seguro de que a los vecinos les hizo una gracia loca. Ah, y gracias por los siete años de mala suerte: se cumplieron.

Y qué decir de aquella otra que, una noche que estábamos tumbados en la cama, me salió con una frase inmortal:

—¿QUÉ PASA, QUE VER EL PUTO PROGRAMA DE DAVID LETTERMAN ES MÁS IMPORTANTE QUE HACERME MIMITOS?

La lista es interminable.

Igual ahora parece que mi vida es más interesante de lo que realmente es. Pensad que estos son ejemplos desperdigados a lo largo de un extenso periodo de tiempo, cerca de veinte años, con muchas fases entremedio de absoluta ausencia de locura.

Otra cosa: cuando digo locura, quiero que sepáis que yo también tengo mis límites. No hablo de locas en el sentido de perturbadas mentales o esquizofrénicas. Eso es demasiado incluso para mí. Pero en ocasiones algunas de mis novias no andaban muy lejos de esas categorías.

¿Qué es lo que me atraía de esas almas descarriadas? Seguramente una combinación de circunstancias, entre ellas el hecho de que yo mismo era un alma descarriada y por eso me sentía a gusto con ellas (ya, ya: qué ironía). Criarte en una familia de locos te predispone a ese tipo de cosas si no te andas con cuidado. Y quizás es que yo estaba dispuesto a transigir con los bajones de la relación para poder disfrutar de los subidones que me ofrecía. Pero con el paso de los años el atractivo de las loquitas se ha ido reduciendo; por extenuación, supongo.

No todas han sido unas locas, pero si quiero ser sincero tengo que reconocer que en la mayoría de los casos algún tornillo les faltaba. Será que en realidad estamos todos locos, y cada uno encuentra una manera distinta de vivir con ello. No hay más que vernos a mí y a mi hermana. Somos dos caras de la misma moneda. Nos enfrentamos a los problemas de manera muy distinta: ella perdió toda conciencia de sí misma y cayó en una espiral de alcohol y drogas, y yo me sumergí en la música. He tenido la suerte de que mi método fuese más constructivo.

En defensa de todas ellas tengo que decir también que no soy una persona con la que resulte fácil convivir. Bueno, en cierto modo sí que lo soy, una vez se acepta que siempre estoy trabajando en algo y que si no estoy trabajando tiendo a encerrarme en mí mismo mientras rumio nuevas ideas. Hay que ser una persona muy segura de sí misma para vivir con alguien así, y probablemente he estado enfocándolo mal todos estos años al intentar emparejamientos imposibles.

Les guardo mucho cariño a todas mis locas, y no lamento ninguna de las experiencias compartidas con ellas (bueno, casi ninguna. Algunas fueron *verdaderamente* terribles).

A todas las locas a las que he querido: muchas gracias, pero ahora estoy demasiado cansado.

10

Un día en la playa | Huracán en Honolulú

Salí de casa una mañana sin tener muy claro adónde ir. Me subí a mi camioneta blanca y me puse a conducir sin rumbo fijo. Acabé en Zuma Beach, a una hora de Echo Park. No sé por qué aterricé allí, algo parecía llevarme instintivamente hacia la playa. Quizá fuese por *Zuma*, un disco de Neil Young que Liz y yo solíamos escuchar mucho. Era una mañana ventosa, gris y nublada de entre semana. La playa estaba desierta. Bajé de la camioneta para caminar por la arena y me quedé mirando el romper de las olas. Algo había que me empujaba a adentrarme en ellas y seguir caminando hasta quedar bajo el agua.

Acababa de encontrarle sentido a mi vida, y ahora me lo querían quitar. Podía seguir haciendo mis cintas, pero ya nadie las escucharía, y ya no podría volver a dedicarles todo mi tiempo. Lo mejor que me había pasado nunca se había acabado demasiado deprisa. Casi no me había dado tiempo a poner en marcha mis planes musicales. Ya no sabía qué hacer conmigo mismo.

Me acerqué más al agua, hasta quedarme quieto justo en el punto en el que la marea lame la arena seca. Podía sentir que mis talones estaban a punto de empujarme al agua. Me quedé allí quieto durante lo que me pareció mucho tiempo, aunque seguramente fueron solo diez minutos.

Decidí que era demasiado cobarde para tirarme al océano. No me gusta el agua fría. Volví a mi casita de las colinas y me tumbé en la cama a llorar.

Carter contrató una breve gira por California en la que podría actuar en algunos bares y tocar yo solo. Estuve semanas practicando en el sótano, y compré una cubierta rígida para el cajón de mi camioneta para transportar mi equipo. Nadie asistió a ninguna de las actuaciones, excepto a la de San Luis Obispo, donde resultó que había un montón de universitarios borrachos que iban a estar allí de todas maneras. Aquella noche casi me parten la cara dos veces. Una cuando iba hacia el bar: una panda de capullos borrachos me rodeó y empezó a gritarme. La otra fue durante el «concierto», cuando un imbécil mamado se puso a vacilarme y yo cometí el error de responderle. Esa misma noche, mientras conducía por la autopista del Pacífico de camino a San Francisco, tuve que contenerme varias veces para no dar un volantazo y despeñarme de una vez por los acantilados.

Seguí escribiendo y grabando canciones en el frío de mi minúsculo sótano. No sabía qué otra cosa hacer. Al menos trabajaba ahora con una ocho pistas y con mejores instrumentos. Algo es algo. Seguía a lo mío, a ciegas.

A veces se oye a actores y a gente de cine hablar de su trabajo y dicen cosas del palo: «Como actor fue una decisión interesante...». Esa idea de que se pueden tomar decisiones en el trabajo me tiene fascinado, porque yo no lo veo nunca como una decisión. Yo solo siento lo que está ahí, a punto de salir, y tengo que conseguir que sea algo real, y ya está. No me parece que tenga opciones. Lo hago y punto. Y no es que me guste: a veces me siento como si me hubieran puesto una pistola en la sien.

De adolescente jugaba a veces con mi grabadora de dos pistas y creaba unos collages de sonidos verdaderamente raros, que luego le enviaba a Liz a Hawaii. Debía de pensar que estaba zumbado, porque aquellas cintas eran absolutamente demenciales. Grabaciones clásicas mezcladas con voces raras que yo iba poniendo, ráfagas de rock, miniparrafadas... De locos, de verdad.

Liz me llamó y me contó que había encontrado una de aquellas cintas. Cuando colgué el teléfono pensé en lo divertido que había sido grabar aquellos collages sonoros. Y más adelante, durante aquella etapa tan negra de mi vida, iba conduciendo por la carretera cuando oí en la radio al grupo inglés Portishead. Me quedé sin palabras. Tuve que parar en el arcén para escuchar con toda atención. La combinación de «bucles» creados con frases de percusión y sampleos de las bandas sonoras de Lalo Schifrin con la voz de la cantante superpuesta me fascinó, y me dio la inspiración para recuperar mi antiguo mundo de collages sonoros e integrarlos en mis composiciones musicales.

Las nuevas tecnologías habían creado nuevas posibilidades para el collage sonoro. Llamé a mis amigos para preguntarles si conocían a gente que hiciese música con ordenadores y me dieron unos cuantos números de teléfono. Era un mundo nuevo, emocionante, y a mí me parecía un medio con posibilidades infinitas. Una de las primeras canciones que escribí por entonces fue «Novocaine for the Soul». Algún tiempo atrás había escrito esa frase en un trozo de papel y me lo había guardado en el bolsillo, junto con otro papelito en el que había anotado «*before I sputter out*» y otro que decía «*Jesus and his laywer are coming back*». Eran destellos, ideas que iba teniendo para una canción que quería escribir sobre lo desesperado que me sentía.

Jennifer Condos, una amiga mía bajista con la que alguna vez había trabajado, me contó que su marido Mark Goldenberg tenía un ordenador. La acompañé a su casa y Mark y yo hicimos algunas bases rítmicas. Luego me fui a casa pensando en la parte de la guitarra, la letra, la melodía, y lo monté todo en la grabadora de ocho pistas en una noche. Volví a casa de Mark con la cinta para que pudiese tocar el solo de guitarra. (Jennifer puso el bajo para sustituir el teclado, pero nunca ha aparecido en los créditos por culpa de un error administrativo. Ya sé que es muy tarde, pero ¡lo siento, Jen!)

Life is white
And you are black
Jesus and his lawyer
Are coming back
Oh my darling
Will you be here
Before I sputter out

La vida es blanca | Y tú eres negra | Jesús y su abogado | Van a volver | Oh, querida mía | Dime si vas a estar ahí | Antes de que me apague entre chisporroteos

Estaba muy contento con la canción. Era como haberse metido en algo completamente distinto. Parthenon me pasó el número de un tío con el que había colaborado, Jim Jacobsen, que trabajaba también con su ordenador. En su casa escribí parte de la canción «Susan's House», y el resto en mi sótano, en un proceso muy parecido al de la grabación de *Novocaine*. Con aquella canción me distancié aún más de lo que había estado haciendo hasta entonces: la parte vocal es mucho más recitada que cantada. Quise escaparme de mi cabeza en una canción y dar un paseo por el vecindario. Pensé: ¿Dónde está escrito que tenga que cantar?

Going over to Susan's house
Walking south down Baxter Street
Nothing hiding behind this picket fence
There's a crazy old woman smashing bottles
Where her house burnt down two years ago
People say that back then she really wasn't that crazy

De camino a casa de Susan | Rumbo sur por Baxter Street | Nada se oculta tras la verja | Hay una vieja loca reventando botellas | En el solar donde ardió su casa dos años atrás | Hay quien dice que por entonces no estaba tan loca

Luego venía un *sample* del piano de una vieja grabación de Gladys Knight, mezclado con una serie de efectos sonoros y el ritmo de mi paseo por el barrio. Había conocido a la Susan del título un par de años antes, pero para cuando escribí la canción ya habíamos cortado y además, si he de decir la verdad, su casa estaba en Pasadena, demasiado lejos para ir andando. A veces hay que permitirse una ligera licencia artística para llegar a la verdad universal, o como prefiráis llamarla. Que quede claro que Susan no era una de las locas (la excepción a la regla en aquella fase de mi vida), y que tuvo que sufrirme en el momento en el que publicaba un disco donde contaba lo desconsolado que me había dejado mi última novia (Vietnam).

Con aquella gente grabé canciones tituladas «Flowers» y «Your Lucky Day in Hell» siguiendo el mismo proceso de trabajo. Todas ellas se quedaron tal como las grabamos el primer día y nunca las cambiamos hasta que fueron publicadas en forma de disco años después.

Mientras tanto, había grabado cerca de setenta canciones por mi cuenta en el sótano. Por primera vez desde que Prince irrumpió en mi vida, volvía a interesarme por la música del momento. También me gustaba el grupo japonés Pizzicato

Five, y Nirvana, Hole y Liz Phair estaban sacando discos que me parecían sinceros, discos de verdad. Me daba la impresión de que lo que estaba escribiendo ahora era más inmediato, más vibrante que lo que había hecho hasta entonces. Estaba intentando eliminar capas para llegar a la verdad que subyace a todo. Empecé a aprender mucho sobre temas de producción, y a tener ideas propias. Dejé de usar las reverberaciones horteras. Me daba la sensación de haber estado escondiéndome, y ahora quería ser sincero, seco; aunque me hiciese sentir incómodo. Como este libro.

Una de las canciones que grabé se me ocurrió una noche que mi amigo Jon Brion vino a verme a casa. Había sido un niño prodigio, y de adulto tocaba extraordinariamente bien cualquier instrumento: era capaz de hacer acompañamientos para cualquiera así sin más, sin haber ensayado ni nada, y tenía una barbaridad de instrumentos viejos y equipos de grabación. Cuando vino me propuso un ejercicio: él subiría al dormitorio y escribiría una canción en treinta minutos, y yo mientras bajaría al sótano y escribiría una canción en treinta minutos. Siempre me salía con ideas así. «Escribe una canción sobre algo que haya encima de la mesa», cosas así. Bajé al sótano, tomé mi vieja telecaster estampada, la conecté a la grabadora y empecé a cantar:

My beloved monster and me
We go everywhere together
Wearin' a raincoat that has four sleeves
Gets us through all kinds of weather

Mi adorado monstruo y yo | Vamos juntos a todas partes | Embutidos en un chubasquero con cuatro mangas | Nos protege de cualquier inclemencia del tiempo

Grabé la guitarra y la voz allí mismo, y cuando pasaron los treinta minutos invité a Jon a escuchar lo que había hecho. Le gustó y me propuso que lo llevásemos en breve a su estudio de Silver Lake para añadir más instrumentos, algo que hicimos en los días siguientes. Jon incorporó a mis pistas de voz y guitarra un trombón, bajo, teclados y el sonido que hacía una tarjeta de crédito contra su mejilla sin afeitar. Para la percusión nos dedicamos a golpear contra el suelo cajas de herramientas y todos los trozos de metal que encontramos.

Carter había vuelto a trabajar en Artistas y Repertorio para PolyGram, el imperio que me había dejado en la calle. Aún no había sitio para mí, pero él seguía dispuesto a ser mi representante, aunque en ese momento no hubiese nada que representar. Le gustaron las cosas que había estado haciendo y me propuso que empezase a actuar bajo un nombre distinto, visto que en lo musical había hecho grandes progresos. Me dijo que incluso tenía el nombre perfecto para mí: EELS. Me gustó la idea de trabajar con un nombre diferente. Cuando te llamas E te salen toda serie de problemas logísticos. Cuando alguien lee en el periódico ESTA NOCHE: E, lo más normal es no ver siquiera la E. Necesitaba unas cuantas letras más, y a Carter le pareció que si el nuevo nombre empezaba por E mis antiguos cedés estarían cerca de los nuevos en las repisas de las tiendas de discos. (Solo cuando salió el primer cedé de los EELS nos dimos cuenta de que mis nuevos discos y los antiguos estaban separados por infinidad de discos de los Eagles y de Earth, Wind and Fire. Estas cosas hay que pensarlas con más calma.)

Carter se dedicó a presentar mis cintas a las compañías discográficas, pero no había un interés excesivo. Las canciones que les ponía eran «Novocaine for the Soul», «Susan's House», etcétera, idénticas a como aparecieron años después en el disco.

Una noche, iba yo por Third Street Promenade en Santa Monica cuando oí que alguien me llamaba: «¡Ey, E!». Se me acercó un tipo rubio que me sonaba de algo. Era Chris Douridas, el director de programación de la radio pública local, KCRW. Había actuado un par de veces en su programa cuando salieron los discos de E. Me preguntó qué había estado haciendo y le dije que había estado grabando nuevo material. Me preguntó si podía escucharlo y le dije que le enviaría una cinta. Supuse que había querido ser amable, o darme conversación, pero por si acaso envié una cinta a la KCRW al día siguiente.

Pocos días después recibí una llamada de un asistente de la radio: Chris quería poner la cinta en directo, pero no funcionaba, y quería saber si podía llevarles una copia mejor. Crucé la ciudad en mi furgoneta para entregar en mano una cinta en perfecto estado de funcionamiento. Chris quería poner «Novocaine for the Soul». Hizo una prueba de la cinta delante de mí y luego la puso en directo.

Carter me animó a formar una banda para tocar en directo las canciones. Era todo un reto, porque el nivel de producción en estudio de todas era muy alto. Además, algunas de las nuevas canciones giraban mucho en torno a la guitarra eléctrica, que era otra cosa nueva para mí. Así que me puse a reunir un grupo para tocar en directo que pudiese hacer las dos cosas: meter tralla y hacer justicia a las canciones más complicadas de estudio.

Jonathan Norton había tocado la batería conmigo alguna vez para preparar lo que tendría que haber sido la gira de mi segundo álbum, pero la gira no llegó a arrancar nunca por culpa del corrimiento de tierras en PolyGram. Era un tío grandullón, con larga coleta y cierta debilidad por los djembés africanos y la percusión exótica. Había oído que estaba juntando gente para tocar material nuevo y puso toda la carne en el asador para ser el batería. Le dije que no me parecía la persona adecuada. Demasiada world music, demasiada «coleta».

Un par de días después vino a casa y casi no lo reconocí. Se había cortado la coleta y ahora llevaba barba y el pelo teñido de rubio. Estaba intentando demostrarme que no era solo como yo pensaba que era, y además quería probarme lo importante que era para él tocar conmigo. Me impresionó que estuviese dispuesto a llegar a ese extremo, y no se me ocurría nadie mejor, así que decidí hacer la prueba. Me fui con él al garaje que tenía en Northridge, enchufé mi Les Paul en un pequeño ampli Fender y empecé a tocar los acordes arpegiados de «Novocaine for the Soul» con mucho trémolo y distorsión, muy diferente de como sonaba en el disco. Jonathan empezó a golpear su batería con las manos. Nunca antes había sido el guitarrista de una banda, y era emocionante y también aterrador tener esa nueva responsabilidad. Aquello tiraba, y los dos lo sabíamos. Con aquello sí nos podíamos presentar en vivo ante el público. Me daba igual que no sonase como en el disco. Ya me gustaba que sonase distinto. Las dos versiones me sonaban bien, cada una a su manera, y entendí entonces que no hay por qué tratar de igual manera una grabación y una actuación en directo. Son situaciones completamente distintas.

Ahora me hacían falta un bajista y un teclista. Probamos con un par de bajistas y decidimos que la mejor opción era la de Tommy Walter, un tío al que conocía de una banda local llamada Mrs. God. Era un buen instrumentista, y además sabía tocar la trompa. Un día estábamos tocando en el garaje y yo comenté que a Jonathan le hacía falta un buen apodo. Tommy dijo: «Eso, algo como "Butch"», y a Jonathan le gustó tanto que empezó a referirse a sí mismo en tercera persona como «Butch», así que Butch se quedó.

Tuvimos problemas para encontrar a un teclista capaz de aclararse con todos los sampleos de algunas de las canciones. La verdad es que solo teníamos un candidato: no recuerdo cómo se llamaba, pero era un tío muy raro que no llegó a presentarse en el que tenía que haber sido su primer día. Nos dejó un largo y confuso mensaje en el contestador explicándonos que se había metido en un atasco, y luego se había perdido, y luego... Ahí cortamos el mensaje y organizamos un collage sonoro con él, para reírnos un rato. Decidí que saldríamos a escena sin teclados, y que no usaríamos *samples*. Tal como yo lo veía, sonábamos bien como trío y yo además podía tocar algunos teclados.

Le había pedido prestado a Jon Brion un viejo teclado Hohner Cimbalet que me gustaba mucho. Era como un pequeño piano eléctrico, del tamaño de la funda de una guitarra eléctrica, parecido a lo que tocaba la chica de los tebeos de *The Archies*. Un día decidí enchufarlo al ampli de la guitarra, a ver a qué sonaba. Me encantó el sonido. Era un cruce entre un teclado y una guitarra, algo que no había oído nunca antes. Pero las teclas no eran dinámicas, es decir, sonaban siempre al mismo volumen. La dinámica de mis canciones requería algo más sensible: a veces necesitaba dar caña, otras tocar notas suaves, bonitas, y por eso le pedí consejo a Jon. Me dijo que el antiguo piano eléctrico Wurlitzer era lo más parecido al sonido del Cembalet, pero con un teclado sensible al tacto. Me puse a buscar en los anuncios por palabras y encontré uno barato y en buen estado. A nadie le interesaban ya los pianos Wurlitzer, que para muchos sonaban a viejo, a horterada.

Tocamos por primera vez en un minúsculo café de Melrose Avenue, el Beetlejuice. Le pedí a mi amiga Aimee Mann que nos presentase, y que dijese algo como «Señoras, señores, con todos ustedes: ¡EELS!», pero lo que dijo fue «señoras y señores, ante ustedes E y unos cuantos acompañantes». (Nunca le pidáis a Aimee que presente por primera vez a vuestra banda.) Arrancamos con «Novocaine for the Soul», y desde el primer instante quedó claro que algo estaba pasando, señor Jones,* y sí sabía lo que era. Me sentía como si fuésemos a reventar las paredes de aquel diminuto café.

* Referencia a la canción «Ballad of a Thin Man», de Bob Dylan.

Aimee se me acercó después del concierto y me dijo: «¡Uau! ¿Qué coño ha sido eso?». Todos parecían estar emocionadísimos. KCRW radiaba mis cintas y por la ciudad empezamos a sonar como un grupo a tener en cuenta. Aquello era algo nuevo para mí, y desde luego muy diferente de mi primera experiencia con el negocio musical.

Al poco tiempo tenía a varias discográficas interesadas en mi nueva música. Recibir tanta atención, después de lo de aquel día en Zuma Beach, era emocionante, pero también bastante irreal, y muy difícil de asimilar. Elton John había escuchado mi cinta, y alguien me dijo que quizás estuviese interesado en contratarme para su propio sello. Nos invitó al Hollywood Bowl para que lo conociésemos y viésemos su concierto. Entre bambalinas, Butch se dedicó a darle el coñazo a Elton. En los conciertos de Elton John todo suele estar planificado, pero algo salió mal esa noche y nos lo cruzamos en el largo pasillo que hay detrás del Hollywood Bowl justo cuando nos conducían a un reservado en el que teóricamente debíamos encontrarnos con él más tarde.

BUTCH: «¡Hey, Elton!».

ELTON mira nervioso a sus guardias de seguridad. Luego dice: «Eh... Hola».

BUTCH: «¿Qué tal va eso, Elton?».

ELTON, cada vez más desconcertado y sin saber muy bien qué hacer, dice: «Estoy muy bien, gracias».

BUTCH: «¿Adónde vas a ir después, Elton?».

ELTON dice: «A casa, a Atlanta», y a continuación hace uno de esos gestos acordados de antemano (un guiño, un roce de oreja) para que su gente se lo lleve pasillo arriba. Así sucede.

Finalmente nos llevaron al reservado, pero aquella noche no volvimos a ver a Elton. En realidad no hemos vuelto a saber de él, pero aun así había varias discográficas deseosas de sacar mis discos.

Todo se volvía cada vez más extraño. De repente me ofrecían cantidades obscenas de dinero por hacer lo que más me gustaba. Aquello ya no era como mi modesta primera experiencia. Los ejecutivos de casi todas las discográficas me llevaban casi en volandas. Los tíos de Artistas y Repertorio venían al garaje a jugar al cróquet con nosotros, nos traían pizza, hacían lo que fuese para estar de buenas con nosotros. Era de locos. Si os dijese la pasta que me estaban ofreciendo no os lo creeríais. Era mucho más de lo que habría podido soñar. La compañía que más dinero nos ofrecía era Interscope Records. Todo el mundo de mi entorno me decía que optase por la discográfica que ofreciese más dinero.

Pero los que a mí me interesaban eran Lenny Waronker y Mo Ostin, que acababan de poner en marcha un nuevo sello, DreamWorks Records. Tenían fama de haber sido los ejecutivos más próximos a los artistas durante el mejor momento artístico de Warner Brothers Records, y Lenny había sido el productor de *Good Old Boys*, uno de mis discos favoritos de Randy Newman. Habían dejado Warner Brothers durante una reestructuración en la que habían perdido su autonomía y acababan de poner en marcha un nuevo sello que todavía no había sacado ningún disco. Me ofrecían menos dinero que Interscope, pero la suma seguía siendo inmensa en comparación con mi primer contrato, así que ¿por qué no? Se me había acabado el dinero y estaba a punto de tener que volver a buscar curro. Mi contable estaba a un paso de despedirse, harto de que sus comisiones sumasen cero. Pero ahora parecía que todo se arreglaría independientemente de con quién me fuera, aunque por experiencia sabía que todo podía acabar muy pronto. Hice caso omiso de los consejos de mi entorno y firmé con Lenny y Mo para ser la primera banda de su nuevo sello.

Fue la decisión más inteligente que he tomado nunca. Los que ofrecían más pasta habrían esperado a cambio el mayor beneficio posible para su inversión, y no la mejor música que yo estuviese en condiciones de ofrecer. Después del primer disco habría estado otra vez lavando coches frente al edificio de PolyGram (años después, Interscope adquirió DreamWorks Records, y acabé convirtiéndome de todas formas en parte de su imperio, así que pelillos a la mar, ¿verdad? ¿Verdad?).

DreamWorks consiguió reunir un impresionante catálogo de artistas muy interesantes. Al poco de haber firmado me alegró saber que Lenny tenía previsto contratar a Elliott Smith, un cantante amigo nuestro al que todos admirábamos mucho. Parecía un buen sitio en el que estar: los compañeros de catálogo eran todos de primer orden.

Haber sido objeto de tanta oferta y contraoferta resultó tan desconcertante, tan problemático, que cuando todo acabó tuve que encerrarme a solas en una cabaña de Big Sur durante una semana para soltar presión y recuperar la perspectiva. Me sentía como si acabase de estar en una batalla en la que todos habían perdido la cabeza.

Cuando regresé hice una lista con doce o trece pistas de las setenta y tantas canciones que tenía para que fuesen parte del primer disco de EELS. La mayor parte estaba en las listas desde el día que las había grabado, y aparecieron en el disco tal y como eran, sin remezclas ni nada parecido. Pero me pareció que algunas de las canciones más guitarreras sonarían mejor si las grababa otra vez con la nueva banda de directo, así que organizamos un pequeño garaje en Burbank con Mike Simpson de los Dust Brothers, que había sido el productor de *Paul's Boutique* de los Beastie Boys y de *Wild Thing* de Tone Loc, para grabar tres o cuatro canciones con Butch y Tommy, para que al menos apareciesen en el disco.

Titulé el disco *Beautiful Freak*, como una cancion inspirada por Susan.

You're such a beautiful freak
I wish there were more just like you
You're not like all the others
And that is why I love you
Beautiful freak

Eres tan rara, tan hermosa | Ojalá hubiese más como tú | No te pareces en nada a las demás | Y por eso te quiero | Hermosa, rara

Quizá si no la hubiese llamado «freak» hoy sería todavía mi novia.

Para la portada quería la foto de una niña pequeña con grandes ojazos. Durante la sesión de fotos me sorprendió comprobar que la niña a la que iban a fotografiar parecía una miniatura de Susan. Curiosa coincidencia.

Con doce de mis setenta y tantas canciones en el disco, hicimos un máster y grabamos copias de muestra para la radio y la prensa. Mi madre y Liz estaban ilusionadísimas con mi segunda oportunidad. Liz no hacía más que fardar de mí ante sus amigos, y le ponía mi música a todo aquél que quisiese escuchar, e incluso a los que no querían.

Una noche, en vísperas de la presentación del disco, tocamos en el Alligator Lounge, un club chiquitito cerca de la autopista 10 en el que actuábamos bastante a menudo. Después del concierto volví a casa y escuché los mensajes del contestador. Puse las llaves en la mesa de la cocina y le di al botón del contestador. Había un mensaje de mi madre. Sonaba rara, y me pedía que la llamase. Luego había otro mensaje, también de mi madre: «Liz se ha tomado un bote de pastillas y... está en coma. Ehhh... Llámame».

Llamé de inmediato a casa de mi madre, y me contestó con voz temblorosa.

—¿Qué ha pasado? —le pregunté.

—Se tomó un bote de pastillas y cayó en coma... y... ahora...

Hubo una pausa larga.

—Está muerta.

Cuando oí esas dos palabras fue como si alguien me diese un puñetazo en el estómago. La cocina empezó a dar vueltas. Se me saltaron las lágrimas. Chillé al auricular: «¡NO!». Del otro lado, mi madre sollozaba.

Liz había intentado matarse varias veces desde la primera vez que la encontramos tirada en el suelo del baño aquel Verano del Amor, pero me resultaba imposible asimilar que lo había conseguido y ya no estaba viva. Cuando solté el teléfono me dejé caer en el suelo del pasillo y me puse a llorar desconsoladamente, gimiendo su nombre una y otra vez.

Su situación había ido empeorando, y los mensajes que me dejaba en el contestador eran cada vez más extraños y absurdos. Se había casado con aquel novio suyo traficante mientras él estaba en prisión. Cuando salió vivieron un tiempo en Virginia y luego se trasladaron a Hawaii. Ella estaba dispuesta a repetir la aventura hawaiana, incluso después de la primera amarga experiencia. Se pasaba la vida entrando y saliendo de hospitales psiquiátricos y clínicas de desintoxicación. Finalmente, escribió una nota en la que hablaba de reunirse con nuestro padre en un universo paralelo, se tragó un bote entero de pastillas y, esta vez sí, consiguió matarse.

No estaba preparada para vivir en este mundo. Entre la vena de locura familiar que había heredado y el descontrol de nuestra educación, no tenía conciencia de sí misma ni sabía dónde podía estar la cordura en su mundo. Intentó rellenar el pozo sin fondo de su corazón con todas las drogas a las que pudo echar mano, pero no le sirvió de nada.

Era mi mayor admiradora. Siempre había querido apoyarme con mi música, y siempre me pedía que le enviase novedades. Desde los primeros collages sonoros a las últimas canciones, siempre que tenía algo nuevo se lo enviaba en cuanto estaba listo. Acababa de enviarle un ejemplar de muestra de *Beautiful Freak* y esperaba con impaciencia su reacción a la mezcla de antiguas grabaciones y nuevas canciones que había hecho para ella, pero no creo que llegase a recibirla antes de morir.

Había llegado al momento más inesperado y emocionante de toda mi vida, pero lo único en lo que podía pensar era en Liz. Se me hacía dificilísimo acostumbrarme a la superposición de unos bajones y unas alegrías tan grandes: era rarísimo. Le dije a mi madre que yo pagaría el funeral, pero que no le dijese nada al marido de Liz. No quería que supiese que tenía dinero. Volé a Honolulú y me encontré en el Holiday Inn del aeropuerto con mi madre, llegada desde Virginia. Allí nos quedamos toda la semana.

La noche antes de que incinerasen a Liz, la funeraria organizó un velatorio con ataúd abierto para que los amigos y la familia pudiesen despedirse. Mi madre y yo llegamos los primeros y nos acercamos al ataúd. El director de la funeraria abrió la tapa y no fui capaz de reconocer a la persona que estaba allí tendida. La habían maquillado de mala manera. Liz apenas usaba maquillaje, y aquella persona pintarrajeada parecía otra; daba bastante miedo. Mi madre parecía no darse cuenta, y empezó a sacarle fotos.

Pusieron una cinta con los típicos órganos fúnebres y una de las chaladas del psiquiátrico se acercó al ataúd. Le echó un vistazo a la cara de Liz y pegó un chillido que hizo que todos los presentes levantaran la vista, asustados. Disgustado, resoplé y me acerqué al estrado para hacerle a Liz el último regalo posible. Cerré definitivamente la tapa del ataúd.

Al cabo de un rato me sentí incapaz de aguantar aquello y me escapé al local más cercano, Fuddruckers, un restaurante del estilo de TGI Fridays que había al otro lado de la calle, para tomar una cerveza y algo de comer. Estaba como en una nube, y necesitaba media hora sin tener que pensar en la muerte de mi hermana o la funeraria. Estuve sentado veinte minutos sin que nadie se acercase; finalmente le pedí al encargado que viniese alguien a tomar mi pedido. Treinta minutos después conseguí que me trajesen una cerveza y un bocadillo. Le hinqué el diente al bocadillo: rezumaba mayonesa, a pesar de que les había pedido sin mayonesa. Aborrezco la mayonesa. No era día para que me pusiesen mayonesa en el bocata. Acabé la cerveza, con la esperanza de que me atontase un poco y me ayudase a evadirme del infierno en el que me encontraba, y pagué la cuenta. Cuando salía, vi que había un libro de visitantes en el mostrador de entrada. Tomé el boli que había atado al libro y escribí: ESTE SITIO ES UNA MIERDA. Cuando estaba acabando de escribir MIERDA, el encargado se me acercó, vio lo que había escrito y me ordenó que abandonase el local.

Volví a cruzar la calle, pensando que no estaría mal que me atropellase un coche, y me colé de nuevo en la funeraria, donde un par de amigas de Liz, su marido y mi madre rondaban todavía. Cada instante pasado allí fue una tortura.

Al día siguiente hubo una pequeña ceremonia en una colina asomada al mar durante la cual cubrimos con hojas de palma la urna con las cenizas de Liz. Era un día precioso, soleado y con algo de brisa. El cielo y el mar compartían un tono oscuro de azul. Escondido detrás de mis gafas de sol pensaba en Liz, en cómo había deseado que todo acabase. De camino hacia allá, mi madre y yo habíamos hablado en el coche sobre cómo llegar hasta la colina, y allí estaba ella ahora, sonriendo, como si no tuviese mayor importancia estar en el funeral de su hija. Rechiné los dientes, furioso al pensar que Liz había sido criada por una mujer que siempre se había ocupado de ella en el plano físico pero que emocionalmente no era más que una niña pequeña. Cada vez me frustraba más la indecisión de mi madre, y la sensación de que yo era el único adulto en todo aquel asunto.

Tras el funeral, mi madre y yo volvimos al hotel, cada uno a su habitación. Ella volaba de vuelta a Virginia por la mañana, y yo a Los Ángeles, donde tenía un concierto con la banda. Sentado en mi habitación me sentía cada vez más triste y pensaba en lo que tenía que estar pasando mi madre, sentada en su habitación de un hotel de mierda en el aeropuerto, recién llegada del funeral de su única hija, a la que nunca había dejado de cuidar.

11

Tiempos mejores

—Empiezo a estar harto de oír al tío ese cantar sobre tu puta casa cada veinte minutos.

Un amigo inglés de Susan le había escrito una postal, consciente de que ella era la Susan que vivía en la casa que yo mencionaba en mi canción. El disco *Beautiful Freak* salió por fin en agosto de 1996 y «Novocaine for the Soul» y «Susan's House» sonaban en las radios de medio mundo.

Un día después de haber regresado a Echo Park desde Honolulú, Francis, mi casera, una mujer de ochenta y tantos años oriunda de Missouri que vivía en la puerta de al lado, llamó a mi puerta.

—Hola, E —me dijo con su áspero e inseguro acento del Medio Oeste—. ¿Qué tal fue el viaje?

—Estuvo bien.

No le había contado que había ido porque mi hermana se había suicidado. No quería tocar el tema. Francis apoyó una mano en la baranda del porche para equilibrar su corpulenta figura.

—Escucha, E, no sé si alguna vez te lo he contado pero yo veo espíritus.

—¿Cómo?

—Yo veo espíritus.

Me quedé mirándola.

—Fantasmas.

—¿En serio?

—Sí. Y hay algo que creo que tengo que contarte. Antes de que volvieses ayer, vi a una joven entrar en tu casa.

—¿De verdad?

—De verdad.

Al principio, cuando Francis me contó aquello, me entró bastante canguelo y no tenía ganas de dormir en casa aquella noche. Pero luego pensé en cuándo había sucedido todo e intenté ver el asunto desde otra óptica más positiva y menos acojonadora. Fuese o no una parida, me gustaba la idea de que Liz se hubiese pasado por casa para decirme adiós una última vez, incluso aunque no hubiese dado conmigo por un par de horas. Si vas a tener un fantasma en casa, lo mejor que puedes hacer es pensar que es un fantasma amigo.

Varios días más tarde estaba haciéndome un té por la mañana cuando oí algo que sonaba como gatitos maullando bajo el suelo de la cocina. Acerqué la oreja al suelo: era evidente que ahí abajo había algo vivo. Llamé a Janet, la mujer de Parthenon, buena amiga mía y la loca de los gatos del barrio. Dependiendo del día podía tener entre diez y veinte gatos callejeros metidos en casa. Era una experta, y yo no tenía ni idea de qué hacer.

Cuando Janet llegó bajamos al pequeño estudio que tenía en el sótano, retiramos el armarito del trastero y abrimos la trampilla que daba al espacio abierto bajo la cocina. A medida que me arrastraba por la tierra en la oscuridad, los maullidos iban haciéndose más fuertes. La camada parecía estar dentro de un cubículo al que solo podía accederse desde arriba. Nerviosísimo, metí la mano en la negrura del agujero, temeroso de lo que pudiese pasar. Toqué algo lanudo, lo agarré y lo saqué a la luz. Era un gatito negro y diminuto. Se lo pasé a Janet y ella lo metió en una caja de cartón que había traído. Seguí metiendo la mano en el agujero y acabé pasándole a Janet otros tres gatitos negros.

Janet montó una jaula de buen tamaño en el porche y allí metimos los cuatro gatitos. Justo cuando los estábamos metiendo en la jaula apareció la madre, una gata recelosa y huesuda, y se nos acercó precavida. Jane se ganó enseguida el cariño y la confianza de la gata (podría decirse que es «la mujer que susurra al oído de los gatos»). Me explicó cómo dar medicamentos a los gatitos con un cuentagotas. La madre me observó mientras sostenía a uno de los cachorros en la palma de la mano y les iba dando la medicina gota a gota, y luego salió corriendo hacia el solar que había ladera abajo, al otro lado de mi casa.

A los pocos minutos la madre volvió con un quinto gatito en la boca, se me acercó y plantó al cachorro frente a mí en el suelo. Es una de las cosas más monas que he visto nunca, como algo salido de las películas de *El maravilloso mundo de Disney* de cuando era niño. La madre volvió a salir corriendo hacia el solar y volvió con un sexto gatito que volvió a dejar a mis pies. A la madre le puse por nombre Slinky y procuré no tomarles demasiado cariño a los cachorros, porque soy alérgico a los gatos. Les encontré casa a todos, pero casi todos resultaron ser muy malos animales domésticos. Demasiada calle, demasiada libertad en la sangre. A Slinky sí acabé cogiéndole cariño y le dejé que se quedase por casa.

Encargué a Francis, la casera, que diese de comer a Slinky mientras yo estaba de gira por el mundo. Tomé el avión para llegar a nuestra primera estación, teloneros de Lush en Indianápolis, y en el aeropuerto nos recogió un tipo llamado Spider que iba a ser nuestro pipa durante la gira. Nos lo había recomendado Aimee Mann, pero no me pareció que fuese a encajar. Llevaba kilos de argollas colgando de una oreja, hablaba con acento cerrado de Boston y a veces dejaba caer alguna referencia al tiempo que había pasado en la trena, algo que nos asustaba a todos. Pero a medida que fue avanzando la gira quedó patente que Spider era no solo un magnífico currante, sino también un amigo, y al final le dejamos tocar como telonero en algunos de nuestros conciertos y presentar sus propias canciones.

«Novocaine for the Soul» fue todo un éxito y alcanzó el número uno de las listas «alternativas». Yo casi no tuve tiempo para darme cuenta, porque siempre andaba de acá para allá para hacer una prueba de sonido, o una entrevista, y no encontraba tiempo para hacer esas cosas que todos damos por supuesto: dormir, por ejemplo. En muy poco tiempo pasamos de teloneros de otras bandas a atracción principal de nuestros propios conciertos. Vi rincones del mundo que nunca pensé que vería. Todo era muy emocionante, pero también irreal y bastante triste, tan poco tiempo después del funeral de Liz.

Solo conservo recuerdos borrosos de aeropuertos, furgonetas, autobuses de gira, estudios de televisión y conciertos. Era todo muy emocionante, pero poco a poco el asunto empezó a darme muy mala espina. Me di cuenta de que la gente de mi entorno estaba más preocupada por vender discos que por cualquier otra cosa. Era bueno que la discográfica demostrase interés, sobre todo después de mi experiencia anterior; pero cada vez que oía a uno de los músicos de la banda hablar de la ciudad a la que íbamos como de un «mercado» se me revolvía el estómago.

«Beautiful Freak» no habla de un coche. La escribí sobre alguien que de verdad es diferente, y no simplemente «poco convencional» o «fuera de lo común», que es un concepto que a los publicistas les chifla. Aun así, Volkswagen quiso usar la canción en uno de sus anuncios. Yo ni me lo planteé. La supuesta cultura «alternativa» trajo consigo una fea constatación: en realidad no era alternativa en absoluto. Estaba a la venta, igual que cualquier otro producto comercial. Era una rebelión en contra de nada. Parecía un rebelde, me movía y hablaba como un rebelde; pero no era un rebelde, e individual tampoco, eso seguro.

Al rechazar ofertas como la del anuncio de Volkswagen empecé a granjearme fama de «difícil» en la «industria». Cada vez veía más gente entre el público que no me gustaba. Nos echamos a la carretera con la gira Lollapalooza, y un mar de niñatos con gorras de béisbol vueltas del revés se pusieron a hacerme gestos obscenos al unísono cuando tocamos «Novocaine for the Soul» en una versión susurrada, con bongos y chasquidos de dedos en vez de ofrecerles la versión guitarrera con bucles de percusión con la que habían atronado aquel verano desde los altavoces de sus Jeeps. Un día estábamos a medio concierto y entre canción y canción oí una vocecita penetrante que repetía: ¡SÉ QUE ERES BATMAN! ¡SÉ QUE ERES BATMAN!

Miré al foso y en primera fila, con la mirada clavada en mí, vi a Perry Farrell, fundador de Lollapalooza, con una botella de tinto en una mano. Me miró y volvió a repetir: ¡SÉ QUE ERES BATMAN!

Han pasado muchos años y sigo sin saber por qué soy Batman. Las cosas eran cada vez más extrañas. La muerte de Liz se había producido al mismo tiempo que todo aquello, y eso me daba una perspectiva diferente de todo el asunto. Tenía una visión más amplia, más general de las cosas, y pese a que en ese momento tenía lo que siempre había soñado (la música era mi vida) tenía que ser capaz de mantener la cabeza fría y pensar en lo que de verdad quería obtener con aquel circo.

Por entonces íbamos a optar a uno de los premios de la MTV, una de tantas cosas que la gente se toma muy en serio sin motivo aparente. En Inglaterra ganamos un premio Brit, pero yo no quería asistir a ninguna ceremonia de entrega de premios, así que me propusieron enviar a quien yo quisiera a entregarnos el premio y grabarlo todo. Les pedí que mandasen a Spinal Tap, un grupo de actores que fingían ser una banda de rock.

Nos reunimos con el equipo técnico en las oficinas de la discográfica y las pelucas de Spinal Tap llegaron tres horas antes que los actores. Cuando llegaron se pusieron las pelucas y nos entregaron el premio. Eran mucho más reales que la mayoría de las bandas que andan por ahí. El premio lo convertimos en el pie de uno de los platos de la batería de Butch, para que tuviese una función y de verdad tuviese algún valor.

Estábamos en Londres grabando una actuación para *Top of the Pops* cuando oímos que la princesa Diana se había matado en un accidente de coche. De repente, los pases con la efigie desfigurada de la princesa (grandes ojazos y la carita desdibujada) perdieron toda su gracia. El país entero echó el cierre, y en la radio sonaba solo música clásica y «Goodbye England's Rose». Ya podíamos olvidarnos de salir en antena con una canción titulada «Your Lucky Day in Hell». Nos pasamos la semana entera matando el tiempo en el hotel contiguo a la residencia de la princesa, Kensington Palace, y viendo como las masas depositaban flores ante la verja.

Entretanto, la muerte de Liz parecía haber animado a mi madre a practicar un poco de introspección: ahora hacía cosas como decirme «te quiero» al final de cada conversación telefónica, algo que jamás había hecho antes, ni con Liz ni conmigo. Era evidente que no le resultaba fácil, y le agradecí el esfuerzo. Por primera vez empezamos a hablar el uno con el otro como personas normales: discutíamos cuestiones importantes, hablábamos de emociones. Se me hacía muy raro que de nuestra familia solo quedásemos mi madre y yo. Una vez que tocamos en Washington DC mi madre fue al concierto y nos vio sentada entre el público. Estuvo muy bien andar con ella por el backstage antes y después del concierto. Estaba emocionadísima y muy orgullosa, pero no pudo evitar hacer algún que otro comentario crítico, claro.

De vuelta en Echo Park, Parthenon, Janet y yo nos habíamos hecho amigos de Alan, un chaval del barrio medio cubano medio negro que quería ser cineasta. Siempre me llamaba «Milkman», pero se negaba a decirme por qué. Entre los tres le compramos una cámara de vídeo por su cumpleaños para que pudiese grabar sus peliculitas: en algunas Parthenon y yo éramos los actores principales. Era divertido y me daba la oportunidad de hacer algo más aparte de preocuparme por el negocio de la música o pensar en Liz. Alan era muy pobre, y su madre se estaba muriendo de sida. Un día fuimos a visitarla al hospital. Era una mujer albina con tendencias bipolares que no hablaba inglés: estaba claro que no le quedaba mucho en este mundo, como suele decirse. Cuando murió, Alan se fue a vivir con Janet y Parthenon.

Recuerdo que en el funeral, mientras veía como la máquina depositaba el ataúd de contrachapado en la tumba, pensaba en cómo debía de sentirse Alan, que por entonces debía de tener quince o dieciséis años. Quizá quisiese abalanzarse sobre el ataúd y arrastrar a su madre de nuevo a la vida.

Poco después de que muriese, Alan se estampó contra una pared con el coche de un amigo y vino corriendo a mi casa. Su personalidad había cambiado por completo, ya no era el chaval encantador que habíamos conocido. Pensé que tomaba drogas. Después de gritar una retahíla de chorradas hirientes volvió a subirse al coche y salió zumbando. Llegó a la estación de autobuses y se subió en uno para ir a visitar a su hermana, que vivía en Florida. En Texas le echaron del autobús porque no dejaba de gritar cosas sobre los alienígenas que veía en la cuneta. Entró en una tienda de imagen y sonido y la destrozó. Lo arrestaron y pasó la noche en una celda. Al salir de comisaría al día siguiente encontró un camión de reparto de leche con las llaves puestas. Lo tomó prestado y se lanzó a una de esas persecuciones policiales que se ven en la tele, con helicópteros retransmitiendo en directo para todo Texas. Finalmente le echaron el guante y volvió a la trena. Entonces comprendí lo que le pasaba. Recordé que su madre había tenido un grave trastorno bipolar, y puesto que sabía que a veces es una dolencia hereditaria supuse que después de todo no eran las drogas las responsables de su comportamiento, sino la enfermedad de su madre. Pero para la policía y las audiencias televisivas de Texas no era más que un chaval negro armando jaleo.

Durante una breve pausa de la gira me desperté una madrugada en Echo Park con el ruido de las sirenas en lo alto de la colina. Janet, la mujer que susurraba a los gatos, la mujer de Parthenon, la hermana de mi ex novia, estaba en el hospital: se había desplomado después de mencionar un sabor metálico en la boca. En el hospital, el diagnóstico fue descorazonador: un tumor cerebral del tamaño de un pomelo crecía en su cabeza. La noticia nos fulminó a todos. Era una persona llena de vida, siempre atareada, siempre con mil cosas que hacer, siempre sonriente... y de treinta y pocos años. ¿Cómo podía ser?

Durante esa misma pausa, estaba yo una tarde en el porche con Slinky cuando llegó el correo. Había una carta de mi madre, y en ella un comentario medio oculto entre la información:

> A PROPÓSITO, LLEVO ALGÚN TIEMPO TOSIENDO UN POCO Y EL MÉDICO INSISTE EN QUE ME LO HAGA MIRAR, PERO ESTOY SEGURA DE QUE NO ES NADA GRAVE. SOLO QUERÍA QUE LO SUPIERAS.

Poco tiempo más tarde pasé por Virginia de gira y fui a ver a mi madre. Una vez allí le dije que no quería quedarme solo, no quería ser el único con vida, y menos tan pronto. Me dijo que no me preocupara, que no se iba a ninguna parte.

Janet, con más determinación de la que le he visto nunca a nadie, estaba decidida a vencer el cáncer, y daba la impresión de que la suya podría ser una de esas maravillosas historias de supervivencia gracias a la tenacidad. Resultó descorazonador ver como la enfermedad la consumía. Había perdido su larga cabellera negra, y el tratamiento había hinchado sus facciones. Empezó a tener dificultades para hablar. Al final hubo que ingresarla en el hospital, y allí entró en coma. Fui a visitarla para despedirme, sin estar muy seguro de que pudiese oírme. Parthenon me llamó un par de noches después para decirme que había muerto.

Pocos días más tarde, la hermana de Janet y yo ayudamos a Parthenon con la horrible tarea de empaquetar las pertenencias de Janet. Aquella mañana, antes de acercarme a su casa, pasé por Netty's, uno de mis restaurantes favoritos, para recoger algo de comida. Así tendríamos algo que comer antes de empezar a hacer cajas. Mientras esperaba a que me diesen la comida llamé a mi madre desde la cabina que había fuera del restaurante. Su voz sonaba cansada. Le pregunté qué tal se encontraba y empezó a trabucarse como hacía tan a menudo, pero esta vez era diferente. Empezaba a recordarme el mensaje que dejó en el contestador cuando lo de Liz.

—Eh... bueno, tengo noticias.

Me puse en tensión. Nada bueno empieza nunca con «eh... bueno, tengo noticias».

—Han encontrado...

Larga pausa.

—¿Qué han encontrado? —pregunté impaciente.

—Un... *(suspiro)*... un tumor en el pulmón.

Se me cayó el alma a los pies.

—¿Canceroso? —pregunté nervioso.

Otro silencio prolongado. Antes de que acabase, ya sabía lo que significaba.

—Sí —dijo al fin.

Me quedé mudo. Estaba en una cabina telefónica de Silver Lake Boulevard un sábado por la mañana, a punto de ayudar a un amigo a empaquetar las pertenencias de su difunta esposa, y de repente va mi madre y me dice que tiene cáncer. Aún tenía muy presente el dolor por el suicidio de Liz. No podía estar pasándome todo eso.

Le pregunté:

—Bueno, ¿cómo es de grave?

—Esto... eh... esto...

—Ma, venga, tienes que contarme cómo está la situación. ¿Tienen que operarte?

—No. Se ha extendido a los nódulos linfáticos y está demasiado... extendido.

La ciudad empezaba a darme vueltas, y las piernas me fallaban.

—Vale, y entonces... ¿cuál es el pronóstico?

—Me dijeron que uno o dos años, en función del tratamiento que siga.

En ese momento dejé de intentar encontrarle sentido al mundo, porque aquello no tenía sentido. ¿Cómo podía estar pasando aquello tan poco tiempo después de lo de Liz?

Más adelante, cuando reflexioné un poco más, vi que sí tenía sentido, en cierto (escalofriante) modo. Aparte de que mi madre había fumado pasivamente tres cajetillas de Kent al día durante los años que pasó en casa con mi padre (y pese a que la casa había estado libre de humos desde su muerte), era lógico pensar que algo así podía surgir del terrible dolor que la tenía atenazada desde el suicidio de su única hija.

Recogí la comida y subí a casa de Parthenon como en un sueño. Cuando entré, vi la maleta de Janet frente a la puerta de entrada: Parthenon había ido a buscarla al hospital. La idea de que Janet había ido con su maleta al hospital pero solo la maleta había vuelto me pareció de lo más triste.

Volé a Virginia y fui al oncólogo con mi madre. Le explicó las diferentes opciones, que no eran muchas. Podía optar por la quimioterapia y las radiaciones, que podían ser muy desagradables pero le darían seguramente algo más de tiempo; podía incorporarse a un grupo de pruebas de un tratamiento nuevo, pero sin posibilidad de saber si recibía de verdad el tratamiento o tan solo un placebo; o bien podía optar por no hacer nada. Mi madre se decidió por la quimioterapia y las radiaciones, al menos por un tiempo, a ver qué tal le iba.

A todo esto, yo seguía teniendo una agenda de conciertos bastante cargada y planificada con bastante antelación, como tiene que ser. Si no apareces en esos conciertos te puedes buscar la ruina, porque les debes el dinero del concierto a los promotores, así que iba y venía con bastante frecuencia. En ese momento mi madre estaba muy sana y activa, así que podía hacer un tramo de la gira, llamarla cada día para cerciorarme de que estaba bien y volver a Virginia siempre que pudiese. Bill, el novio de mi madre (si es que se puede seguir llamando «novio» a alguien de ochenta y cinco años), se ocupaba de ella, por lo menos. Era un tipo encantador, amabilísimo, cuya esposa lo había abandonado en los años cincuenta al darse cuenta de que era lesbiana. La enfermedad de mi madre fue un golpe muy duro para él, ya que él le sacaba por lo menos veinte años y ella era la que cuidaba de él, más que a la inversa.

Vi en un escaparate una peluca punki verde fluorescente y se la envié a mi madre. Había perdido casi todo el cabello y estaba probando diferentes pelucas. Un día compareció a la sesión de quimioterapia con la peluca verde y dejó cautivadas a las enfermeras.

Una tarde volé al aeropuerto de Dulles después de un concierto en Londres y me acerqué a la farmacia para comprar los medicamentos de mi madre antes de ir a visitarla. Cuando llegué me la encontré completamente vestida para salir a alguna parte.

Le pregunté:

—¿Adónde quieres ir?

Me dijo que estaba a punto de ir a su sesión de quimioterapia.

—¿A las siete y media de la tarde? —le pregunté.

Entonces vi que las cosas iban a peor. Pensaba que eran las siete y media de la mañana, no de la tarde. Empezaba a perder la noción de las cosas.

Estaba desbordado: la gira, los conciertos, la mierda de presión de vender muchos discos y ganar mucha pasta y ahora, por encima de todo, la enfermedad de mi madre. No tenía prisa ninguna por grabar otro disco. No sabía siquiera si quería grabar otro disco después de comprobar que no disfrutaba con lo que pasa cuando tu creación se convierte en un éxito. No me sentía inspirado. No tenía tiempo para inspirarme.

Nunca me había planteado escribir canciones sobre lo que pasaba en mi familia. Por una parte me parecía demasiado personal, demasiado trágico. Pero una noche, tumbado en la cama de mi antigua habitación en el sótano de casa de mi madre, tuve una epifanía. Mientras iba pasando revista a las trágicas circunstancias, imaginé un cielo azul y de repente me sentí inspiradísimo. Me di cuenta de que *tenía* que escribir sobre lo que estaba pasando, y que no hacerlo equivaldría a estar fingiendo, porque por mucho que lo intentase no iba a poder obviar el dramón que estaba viviendo. Y el cielo azul me dijo que había una manera de hacerlo, una manera completamente diferente. Que no todo era malo, que siempre hay un lado bueno, incluso en lo que estaba pasando. Para mí, el lado bueno fue saber que algo iba a aprender de todo aquello, y el hecho de que podía inspirarme y sacar algo bueno de las circunstancias, y tener algo en lo que centrarme. Podía hacer algo positivo.

En mi cabeza oía ya buena parte de la música, y tan inspirado estaba que ni me paré a pensar en lo que la discográfica podría pensar de lo que iba a hacer. Siempre que el estado de mi madre lo permitía regresaba a Echo Park y me encerraba en el sótano para escribir y grabar canciones inspiradas en lo que había pasado y estaba pasando con Liz y mi madre. Quería honrar la memoria de Liz contando cosas desde su punto de vista. Una de las cosas que encontramos después de su muerte fue un cuaderno de notas amarillo en el que un médico del psiquiátrico le había pedido que escribiese «Estoy bien» un centenar de veces. Lo escribió unas cuantas, pero luego se rindió y escribió «No estoy bien». A mí me salvó poder escribir esas canciones. Liz nunca tuvo la oportunidad. Se sentía completamente vacía y perdida. Quise hacerle un regalo, convertirla en artista poniendo algunas de sus palabras en un contexto musical.

Una de las cosas que un poco habían ayudado a Liz durante algún tiempo fue la terapia de electroshock. Arrastra el estigma del pasado, pero imagino que la versión moderna del tratamiento sí ayuda a algunas personas: sé que a ella le vino muy bien, por lo menos durante una temporada. Fui a ver a Michey P, un productor/experto informático en «cortaypega» al que conocí a través de los Dust Brothers, que vivían en la misma calle que yo, y juntos grabamos un tema al que añadí algunas de las experiencias de Liz. En parte eran sus propias palabras, y en parte mi idea de cómo debía de haberse sentido. Titulé la canción «Electro-Shock Blues» y decidí que sería también un título apropiado para el disco.

Feeling scared today
Write down «I am OK»
A hundred times the doctors say
I am OK
I am OK
I am not OK

Hoy me sentía asustado | Escribe «Estoy bien» | Cien veces, dijeron los doctores | Estoy bien | Estoy bien | No estoy bien

Escribí otra canción desde el punto de vista de Liz, pero esta vez sobre la época en que era niña y las cosas empezaron a cambiar para ella.

Got a 3 speed and banana seat
Sitting back on the sissy bar
Went to Sev and got a drink
Wish I was driving in daddy's car
And I looked up at the sky last night
And I thought I saw a bomb
And why won't you just tell me what's going on?

Riding down on Springhill Road
Meeting Alfred out in the woods
Dogs bark and mosquitoes bite
Scratching the itch that makes it feel good
And I looked into the mirror last night
All I saw was a pretty blonde
And why won't you just tell me what's going on?

Tenía una bici de tres marchas con asiento alargado | Recostado contra la barra trasera | Me acerqué al Seven Eleven a por un refresco | Ojalá estuviese conduciendo el coche de papá | Anoche me quedé mirando el cielo | Y creí ver una bomba | ¿Por qué no me dices sin más qué es lo que está pasando? || De camino por Springhill Road | Para encontrarme con Alfred en el bosque | Ladran los perros y pican los mosquitos | Me rasco el picor y me sienta bien | Anoche estuve mirándome en el espejo | Y no vi más que a una rubia guapa | ¿Por qué no me dices sin más qué es lo que está pasando?

Las horas que pasé en el sótano, o en los estudios de Mickey, o de Jim Jacobsen, o de los Dust Brothers, fueron de las mejores de toda mi vida. Quizá porque el resto de las horas del día eran las peores de mi vida, el tiempo que pasaba intentando sacar algo positivo de aquella época fue lo que me mantuvo a flote. Me sentía triste siempre que no estaba escribiendo o grabando. Me vacié en la música. Volvía a estar en la misma situación, sin novia, sin vida social. Lo único que quería era esconderme del mundo y escribir mis canciones cuando no estaba en la costa este cuidando de mi madre.

Durante una gira me encontré una tarde sentado en la cama del hotel en algún lugar de Francia, pensando en mi madre y en nuestra relación a lo largo de los años y en la persona que había acabado siendo. Tomé la guitarra acústica y empecé a cantar:

> Hate a lot of things
> But I love a few things
> And you are one of them
> Hard to believe
> After all these years
> But you are one of them

Hay muchas cosas que odio | Y solo amo unas pocas | Tú eres una de ellas | Difícil de creer | Después de tantos años | Pero eres una de ellas

Me sentí bien al reconocer lo complicada que era la relación con mi madre, pero también al saber que no tenía que estar cabreado con ella el resto de mi vida por algunos de los problemas que he tenido por culpa de mi infancia.

De vuelta en casa de mi madre, cuando ella se acostaba me pasaba las noches de pie en la oscuridad frente a su casa, la casa en la que me había criado, intentando escapar al dolor de lo que sucedía dentro de ella. Volví a Echo Park y escribí la canción más triste que he escrito nunca.

Standing in the dark outside the house
Breathing in the cold and sterile air
Well I was thinking how it must feel
To see that little light
And watch as it disappears
And fades into
And fades into the night

De pie en la oscuridad frente a la casa | Respirando el aire frío y estéril | Estaba yo pensando en qué debe sentirse | Al ver esa lucecita | Y ver luego cómo desaparece | Y se desvanece | Y se desvanece en la noche

Pero aunque era una canción triste quise que fuese también un toque de atención para los que seguimos vivitos y coleando.

An the streets are jammed with cars
Rockin' their horns
To race to the wire
Of the unfinished line

Y las calles están abarrotadas de coches | Dale que dale a la bocina | Para poder seguir la carrera | Hacia una línea de llegada todavía por llegar

El cielo azul que se me había aparecido regresó una noche mientras estaba tumbado en el abarrotado dormitorio de Echo Park. Estaba escuchando los sonidos de la ciudad más allá de la ventana abierta, pensando en lo peligroso que era el vecindario y en todo lo que estaba aprendiendo sobre la vida y la muerte. Era entonces plenamente consciente de que era un ser vivo, de que respiraba, y de que no siempre iba a ser así. De repente me sentí inspiradísimo y salté de la cama. Fui al cuarto de estar, cogí la guitarra eléctrica barítono que tenía apoyada en la mesilla, la conecté al ampli y empecé a rasguear mientras cantaba.

Laying in bed tonight I was thinking
And listening to all the dogs
And the sirens and the shots
And how a careful man tries
To dodge the bullets
While a happy man takes a walk

And maybe it is time to live

Tumbado en la cama ayer noche me puse a pensar | Mientras oía ladrar a los perros | Y las sirenas, y los disparos | En cómo una persona cuidadosa intenta | Esquivar las balas | Mientras la persona feliz sale de paseo || Y quizá sea hora ya de vivir

Ya no me importaba una mierda el mundo ese de la MTV del que había entrado a formar parte. Pensaba que molaría, pero en cuanto ves cómo funciona te dan arcadas. ¿Qué pasaría si los pintores tuviesen que presentar sus esbozos a un «grupo de interés» antes de ponerse a pintar?

Carter, mi mánager, se había convertido en una especie de figura paterna. No me había dado cuenta de que necesitaba una, pero evidentemente así era. Le admiraba mucho, y siempre asumía sus críticas, que podían ser devastadoras, y también sus elogios. Un día me acerqué a su casa para ponerle algunas de las canciones de *Electro-Shock Blues* —como «Going to your Funeral» *(parts 1 & 2)*, «Cancer for the Cure» y «Hospital Food»—, y se me vino el alma a los pies cuando me dijo que no le gustaban.

—Nadie quiere oír un disco sobre *la muerte*.

Volví a casa y reflexioné sobre su reacción. Carter había sido un mánager extraordinario: había sido el primero en creer en mí, y había tenido muchísimo que ver en el éxito final. Por eso mismo, que no creyese en las nuevas canciones me ponía en una situación muy difícil, porque yo sí que creía. Yo era el que siempre estaba lleno de dudas, y si Carter decía que algo no valía lo descartaba y probaba otra cosa. Pero en esta ocasión sentía que por primera vez en mi vida sabía lo que estaba haciendo. En mi cielo azul, todo aparecía despejado, claro, centrado. Estaba convencido de que lo que hacía era algo hermoso, algo que escapaba a los mecanismos habituales del negocio discográfico. Todos los muertos de mi entorno me hacían comprender lo fugaz que es nuestra vida en la Tierra y ponían de relieve lo que de verdad importaba en términos generales. Ya puestos, mejor hacer algo bueno, algo duradero, pensé. Tengo que intentarlo.

Pese a lo buen mánager que Carter era (y sigue siendo), me di cuenta de que me adentraba en territorio aún por explorar, en cierto modo, y que no podía pedirle que entendiese mi situación. Pasé muchas noches en vela dándole vueltas al asunto, y finalmente decidí que mi relación con Carter había tocado techo. Mis necesidades artísticas tenían ahora prioridad sobre mi necesidad como persona de una figura paterna. Veía que me estaba convirtiendo en un artista, en uno de verdad con un poco de suerte, y decidí conscientemente que *ésa* y no otra debía ser mi prioridad: no tener éxito, ni vender discos, como parecían pensar todos los que me rodeaban. Podría decirse que el día que tuve que despedir a Carter fue el día en que en cierto modo me hice hombre. Él se lo tomó muy bien y fue muy cortés durante todo el proceso. La amistad se ha mantenido, y a veces aún recurro a él cuando necesito consejo profesional.

Entre viaje y viaje a Virginia conseguí acabar el disco a lo largo de unos cuantos meses. Llamé a Lenny, de la discográfica, para decirle que tenía un disco nuevo que quería presentarle. Se sorprendió bastante y me dijo que no sabía que hubiera empezado un disco nuevo. Le dije que lo había estado haciendo por mi cuenta y que había querido hacerlo de manera artesanal, en lugar de dejar que la compañía contratase y pagase el estudio y se implicase de paso en el proceso creativo.

Fui con mi camioneta a las oficinas de la discográfica al otro lado de la ciudad. Como de costumbre, los guardias de seguridad me confundieron con un recadero cuando entré en el edificio. Saludé a Gayle, la asistente de Lenny, que me condujo hasta la sala de conferencias en la que Lenny, Mo Ostin y otras personas estaban reunidas. Les saludé, expliqué que a continuación iban a oír el nuevo disco de EELS y que era algo diferente: no era la segunda parte de *Beautiful Freaks.* Les expliqué por encima de qué iba el disco. Estaba nervioso, pero también convencidísimo de lo que había hecho. Me sentía orgulloso.

Entregué la cinta de audio digital a Lenny y él la metió en el reproductor de la sala y pulsó «play». Durante los siguientes cuarenta y ocho minutos permanecimos sentados en los sillones de la sala de conferencias, escuchando. Lenny adoptó esa intensa postura suya de «escuchar música»: inclinado sobre la mesa, con la cara entre las manos, balanceándose suavemente y asomando de vez en cuando por entre las manos para decir «uau» al final de una canción o para menear la cabeza, como diciendo «Joder, no me lo creo».

A medio disco empezó a sonar una canción titulada «Last Stop: This Town», inspirada en la aparición que había tenido Francis, mi casera. Lenny asomó entre sus manos y sonrió cuando empezó a sonar el clavicordio entre los bucles de percusión, el *scratch* y el coro infantil.

> You're dead but the world keeps spinning
> Take a spin through the world you left

It's getting dark a little too early
Are you missing the dearly bereft

Estás muerto, pero tu mundo sigue girando | Date una vuelta por el mundo que has dejado atrás | Empieza a oscurecer un poco antes | ¿Echas de menos a quienes han fallecido?

Cuando terminó, todos sonreían. Me puse en pie y Lenny me tendió la mano para estrechar la mía.

—Gracias —dijo.

—Brillante, E —añadió Mo.

Salí a la calle, me subí a la camioneta, la puse en marcha, conduje unas cuantas manzanas Third Street abajo y aparqué para poder llorar a gusto. Todo el dolor y la tragedia del último año estaban saliendo. Y además, después de haber tenido que tomar la durísima decisión de despedir a alguien que era como un padre para mí y que había dicho que nadie querría escuchar el disco, tuve plena conciencia de no estar tan solo. Quizá no estuviese loco del todo. Aquellos ejecutivos apreciaban la música, el arte: eran los mismos que habían contratado a Neil Young, Jimi Hendrix, Prince, The Kinks, Van Morrison, Randy Newman, y que trabajaban con algunos de los artistas a los que más admiraba y respetaba, de Frank Sinatra a Ray Charles. Me consta que vieron de inmediato que el disco no iba a entrar como un tiro en las listas de éxitos, y que no se vendería solo, pero les había encantado, habían sabido apreciar en su justo valor lo que les ofrecía.

Para mí no era un disco sobre la muerte. Verlo así era no entenderlo. Trataba sobre la vida. Y la muerte es una parte importante de la vida que por lo general intentamos fingir que no existe. A nadie le gusta pensar que su persona acabará teniendo punto final, pero yo no podía ya dejar de verlo, y a partir del momento en que empiezas a tratarlo como la verdad cotidiana que es en realidad deja de dar tanto miedo. Así, al ser más consciente de la muerte, abres nuevas perspectivas y reflexionas más sobre cómo sacarle todo el partido posible a la vida, signifique eso lo que signifique para ti.

Cuando tomé la decisión de no dejar que nada se interpusiese en mi voluntad de ser tan buen artista como pudiese, me condené también a una interminable serie de peleas solitarias y a cargar con el sambenito de ser «difícil» a ojos de la industria. No es fácil vivir así. Pero si no hubiese tomado esa decisión y hubiese optado por un planteamiento más pragmático (usar siempre el mismo patrón, vaya), habría tenido que hacerlo todo pensando siempre en cómo tener contentos a los ejecutivos y los accionistas intentando adivinar qué es lo que *ellos* quieren oír. Ésa es una historia sin final feliz, porque una de dos: o fracasas y acabas trabajando otra vez en el taller, o triunfas y te pasas el resto de tu vida odiándote por haberte prostituido. Se hace muy cuesta arriba no poder estar a buenas con todo el mundo porque has decidido que tu mejor amiga es la música y que te ocuparás de ella cueste lo que cueste, pero para mí era la única decisión sensata. Lo más sorprendente es que mi primera zambullida en aquellas aguas revueltas parecía ir bien. Me la jugué, y tanto Lenny como Mo me dijeron que la jugada había salido bien. No me pidieron que cambiase absolutamente nada del disco, algo muy raro dentro de una gran discográfica. Intuitivamente habían decidido respetarlo: les parecía un disco importante, más allá de sus perspectivas comerciales.

Durante los meses que transcurrieron entre la conclusión del disco y su presentación, ya entrado el año, pasé mucho tiempo en Virginia. Mi madre había empeorado. Le procuré asistencia paliativa a domicilio, y así metimos en casa una cama de hospital que instalamos en el comedor, donde antes había estado la mesa, para que mi madre no tuviese que subir y bajar tantas escaleras. Empezaba a estar muy delicada. Pasábamos mucho tiempo hablando. Me di cuenta de que si había algo que quisiese saber sobre la familia aquella era la última oportunidad de enterarme. Todos mis abuelos llevaban tiempo muertos. Aquello era el fin de una estirpe.

Mi madre decidió que era el momento de planificar su funeral. Nada melodramático, más bien pragmático, una tarea más que cumplir. Saqué una libreta y empecé a apuntar lo que quería: una misa sencilla en la iglesia de Lewinsville Road, algunos himnos que le gustaban y nada de allegados hablando de ella: la música y nada más. Su último deseo era que el organista tocase la canción «Happy Trails» de Roy Rogers al final de la misa, cuando todos saliésemos.

Happy trails to you
Until we meet again

Senderos felices | Hasta que volvamos a vernos

Me pareció que aquello era un golpe de genialidad.

Pasé mucho tiempo tocando el piano cerca del salón donde mi madre estaba ahora tumbada, en su cama de hospital. Una tarde estaba tocando una canción que había escrito años antes y que para mí nunca había acabado de desarrollar todo su potencial. Cuando terminé volví al comedor y le pregunté a mi madre si le hacía falta algo.

—Un poco más de eso —me dijo.

Aquello me convenció de que debía creer en aquella canción y pulirla en el futuro.

Además de la enfermera africana que asistía a mi madre (a la que le tenía tanto cariño que cada noche le daba un beso de despedida), teníamos también de realquilada en casa a Miriam, una mujer iraní que, casualidades de la vida, era médico y trabajaba en un hospital cercano. Tener un médico en casa fue una auténtica bendición. Así, siempre que volvía a California sabía que tenía a una médico y una enfermera cuidando de mi madre. Por lo general, ella me decía enseguida cuando podía prescindir de mí y me enviaba de vuelta a mi vida durante unos cuantos días.

Volé de regreso a L.A. y el hijo de mi casera fue a verme a casa en cuanto me vio bajar del taxi. Plantado frente a mi puerta me contó que su madre, Francis, la de las apariciones, había muerto la noche anterior. Se había tomado un cuenco de helado, se había acostado y había muerto. Había ido una ambulancia, pero no habían podido reanimarla. En los años treinta había vivido en la casita que ocupaba yo ahora. Ella y su difunto esposo habían organizado fiestas y bailes en el sótano en el que yo tenía entonces montado mi estudio. Me lo contó ella una vez, mientras examinábamos la colección de discos de 78rpm que tenía en el sótano.

Llegó el día del lanzamiento de *Electro-Shock Blues*, y también el momento de salir de nuevo de gira. Tanto la enfermera como Miriam, la médico, me aseguraron que mi madre estaba bien. En sus días buenos se movía mucho y cuidaba del jardín.

Para la gira cambié el piano eléctrico Wurlitzer por un órgano Hammond, que me pareció más apropiado para tocar algunos de los nuevos temas, así como las típicas guitarras eléctricas con las que cada vez me sentía más a gusto. Butch y yo convencimos a un guitarrista amigo mío, Adam Siegel, para que nos acompañase al bajo durante la gira. Butch y yo no nos llevábamos demasiado bien con Tommy, el bajista, y estuvimos de acuerdo en que no queríamos seguir trabajando con él. Tommy era muy buen tío, y podía uno pasarlo muy bien en su compañía, pero había algo en su carácter que hacía que todos los que viajábamos en el autobús acabásemos a malas con él. Era joven, y quizá se le hacía cuesta arriba mantener la serenidad en aquel circo. Adam resultó ser un extraordinario bajista que le dio más mordiente a nuestro sonido en directo: además, era un placer tenerle cerca día y noche.

El disco recibió muy buenas críticas y los conciertos fueron bien. El reto de tocar el órgano como instrumento principal en un concierto de rock tuvo su gracia. Las actuaciones no fueron nada fáciles por la temática de las canciones, pero acabaron teniendo un efecto catártico y después de cada concierto me sentía un poco más aliviado.

Fuimos invitados a tocar en el concierto benéfico que Neil Young organizaba cada año para la escuela Bridge en el norte de California. Era uno de los conciertos más interesantes del año, y gracias a Neil Young todo el mundo quería participar. La noche antes del concierto, Neil invitó a todos los grupos a una barbacoa en su casa. Después de tantos años de escuchar a Liz poner sus discos una y otra vez, de haber asistido con ella a su acojonante concierto de la gira «Rust Never Sleeps» cuando tenía quince años y de regalarle a Liz cada año su último disco por Navidad o por su cumpleaños, no podía creerme que fuera a conocerle en persona y en su propia casa.

—Hola, E. Encantado —me dijo Neil, y me estrechó la mano.

Yo estaba nerviosísimo. Tenía la boca seca. Me encontraba en un estado de hiperrealidad. Con voz entrecortada le dije:

—¡Me gusta tu barba!

¿Me gusta tu barba? Eso es lo que le dije a Neil Young. Fue de las primeras cosas que aprendí cuando conocí a mis héroes: lo mejor es no conocerlos, porque sufro de una disfunción social que me hace sentirme extremadamente nervioso y decir chorradas. Pierdo el oremus y suelto chorradas. Es la versión exagerada de lo que suelo hacer cuando estoy con otras personas, y por eso acostumbro a quedarme en casa siempre que puedo, para evitar ese tipo de situaciones. Durante los años siguientes conocí a muchos de mis héroes y conseguí calmarme un poco, pero siempre acababa soltando una estupidez por puro nerviosismo.

Conocer a Neil y poder tocar en su concierto fue una experiencia agridulce. Fue un honor, y emocionantísimo, pero a cada poco me apetecía llamar a Liz para contarle que estaba en casa de Neil, o que Neil acababa de presentarme en el escenario. Liz se habría vuelto loca. Era muy triste estar frente a Neil y no poder contárselo a Liz.

Empecé a recibir muchas cartas y comentarios de gente que me explicaba lo mucho que les había ayudado *Electro-Shock Blues*. Todavía llegan cartas. Recuerdo que cuando era pequeño intenté cerrar un trato con Dios: si él me dejaba hacer música yo intentaría ayudar a la gente. A mí se me había olvidado, claro, pero de repente se me ocurrió que las dos partes del trato se estaban cumpliendo: según las cartas, estaba ayudando a la gente *a través* de la música. No era en eso en lo que pensaba al escribir *Electro-Shock Blues*, pero me alegré de que fuese de ayuda para la gente. Me hizo sentir bien.

Durante una pausa de la gira regresé a Virginia. Cuando llegué, vi enseguida que mi madre había empeorado, y mucho. La mayor parte del tiempo no podía abandonar la cama, y le daban mucha morfina para combatir los dolores. Tomé el relevo de la enfermera y de Miriam y me ocupé de su cuidado para que tuviesen un par de semanas de descanso. Teníamos una tabla con una lista complicadísima de qué medicinas darle a qué intervalos. Mi madre había empezado a alucinar, y me pedía, por ejemplo, que borrase lo que había escrito en las cortinas del comedor.

Dormía en el sofá del cuarto de estar, a pocos pasos de la cama de hospital de mi madre, por si necesitaba algo durante la noche. Una vez me desperté y oí que fluía el agua. Me incorporé en el sofá y vi que mi madre estaba acuclillada en el salón con el camisón arremangado para mear sobre la alfombra.

Cuando acabó me levanté, y la ayudé a volver a la cama. Tenía en los ojos la mirada perdida y confusa de una niña pequeña. Era espantoso.

Había montado el televisor en blanco y negro de su dormitorio sobre una mesita de hospital para que pudiera ponérselo encima de la cama y ver la tele. Hay una imagen acongojante que me resulta difícil olvidar: mi madre, calva y demacrada, tumbada en la cama durante uno de los últimos viernes de su vida, viendo *Sabrina, cosas de brujas*.

Otra noche, estaba profundamente dormido en el sofá cuando oí que me llamaba.

—¿Mark? ¿Mark?

Salté del sofá y fui corriendo al comedor. Se había cagado en la cama y no sabía qué hacer. Le quité el camisón y le limpié la mierda de encima y de las sábanas. Pensé en todas las veces que debía de haber hecho aquello mismo cuando yo era un bebé y me pareció apropiado que ahora me tocase a mí. Si despedir a Carter no me hizo un hombre, aquella noche lo conseguí, definitivamente.

La situación resultaba dificilísima de soportar, sobre todo porque ella era una mujer que siempre había sido muy activa y que ayudaba siempre a los demás sin pedir nunca ayuda para sí misma. No recuerdo que pasase un solo día en cama enferma antes del cáncer. Siempre andaba ajetreada con sus cosas. Era evidente que se avergonzaba de verse tan indefensa.

Afortunadamente, su estado empezó a mejorar. Recobró parte de la lucidez y empezó incluso a dejar la cama para salir a pasear por el jardín. Yo iba a tener que salir de gira en breve por Estados Unidos. Cuando volvió, la enfermera me dijo que era buena época para echarse a la carretera, porque mi madre iba a permanecer estable algún tiempo.

Un par de semanas después la gira pasó por Washington DC. La última vez mi madre había asistido al concierto, pero ahora estaba claro que ya no iba a ser posible. Nada más acabar el concierto alquilé un coche para acercarme a casa de mi madre y quedarme con ella unos cuantos días antes de subirme a un avión y cruzar el país para continuar la gira en Seattle.

Aguantó bien los días que estuve allí. Estaba lúcida y sorprendentemente atenta. Hablamos mucho, y me dio la impresión de que estaba en buena forma, dentro de lo que cabía. Al cabo de un par de días tuve que irme para terminar la gira con un par de conciertos en la costa oeste. La enfermera me dijo que mi madre se mantendría estable al menos hasta Navidad (faltaba todavía mes y medio), de modo que no sería un problema dar los conciertos. Atravesé el país en avión para reunirme con la banda.

Apenas aterricé en Seattle, recibí una llamada de la enfermera diciéndome que lo mejor sería que regresase enseguida a Virginia. El estado de mi madre había empeorado en cuanto había salido de casa. La enfermera me explicó que mi madre había puesto mucha ilusión en verme, y que eso la había mantenido en buen estado. Salí zumbando hacia el aeropuerto y volví a cruzar el país. Lisa Germano, nuestra telonera durante la gira, asumió la cabecera de cartel aquella noche en Seattle y explicó al público que una emergencia había impedido que EELS actuasen aquella noche.

Cuando llegué a casa, mi madre acababa de sufrir un infarto y estaba entrando en coma. Tenía la cara desencajada y de vez en cuando se le escapaban unos gañidos involuntarios. Era terrorífico. Nunca, ni antes ni después, he visto algo tan espantoso. Miriam, la enfermera y yo nos sentamos en torno a la cama y organizamos turnos durante la noche para que todos pudiésemos dormir un poco. De madrugada, justo cuando empezaba a amanecer, le entraron las convulsiones finales y la enfermera dijo: «Ha llegado el momento». La respiración se le hizo cada vez más trabajosa y el sordo rumor de los pulmones se hizo más fuerte. La tomé de la mano y me puse a hablar con ella, sin saber si serviría de algo. Le expliqué que estábamos todos con ella y que la queríamos mucho. Hubo un momento en el que su respiración empezó a ralentizarse hasta ser muy, muy lenta. Luego expiró una última vez y no volvió a tomar aire.

Me dolió mucho. Aunque sabía desde hacía tiempo que iba a pasar, mi madre se había muerto delante de mí. Hundí la cabeza en su regazo y lloré desconsoladamente. Era el 11 de noviembre, el cumpleaños de mi padre.

No era solo que hubiera muerto, sino cómo había muerto. Ver como se desmoronaba a lo largo de varios meses ya fue suficientemente malo, pero el rápido declive de su última noche fue tan aterrador que no me atrevo a pensar en ello durante más de un instante.

Ahora estaba solo en la casa en la que me había criado con mi familia. Ya no estaban. La enfermera pidió un coche fúnebre; cuando llegaron y sacaron la bolsa negra recordé lo que tenía que hacer, subir al piso de arriba y cerrar la puerta. No quería ver como se llevaban a mi madre en una bolsa por la puerta principal. Ya había tenido que pasar por eso con mi padre.

Cancelé las últimas tres fechas de la gira y llamé al ministro de la iglesia de mi madre, con quien ya había estado preparando el funeral. Acordamos una fecha, pocos días después, y me busqué una habitación en un motel de la autopista 7. Ya no podía quedarme en la casa. Era demasiado triste, demasiado solitario: no iba a poder dormir allí nunca más.

Al repasar las facturas de mi madre, vi que la enfermera había estado llamando cada día por teléfono a su familia en África desde el teléfono de mi madre. Cuando llamé a la clínica para contárselo, nadie fue capaz de encontrarla. Se había aprovechado de una mujer moribunda, había acumulado miles de dólares en facturas de teléfono y después de darle un beso de buenas noches cada noche, se había desvanecido.

Abroché el cinturón de seguridad en torno a la caja con las cenizas de mi madre y la llevé a la iglesia. Quería seguir pensando que estaba todavía ahí. No estaba preparado para dejarla ir. Me pasé el funeral en la primera línea de bancos llorando y sonándome los mocos con pañuelos de papel mientras el sacerdote decía unas palabras sobre mi madre. Luego dijo: «Es cierto que ella no quería que se hablase de ella, pero ¿hay alguien que quiera hacerlo?».

Unas cuantas personas levantaron la mano, inseguras, y contaron anécdotas de la vida de mi madre, pese a que iba en contra de sus deseos. No era capaz de entenderlo. Cuando el ministro dio la señal para que nos levantásemos y nos fuésemos, no fui capaz de reconocer la música que tocaba el organista. ¿Dónde coño estaba «Happy Trails»? Me acerqué a la entrada de la iglesia, donde el ministro estaba de pie, esperando y con los ojos anegados de lágrimas le pregunté:

—¿Qué ha pasado con «Happy Trails»?

—Ah, es verdad. No pudimos encontrar las partituras.

Me entraron ganas de partirle la jeta a aquel hijo de puta en la misma iglesia. Era el último deseo de mi madre, una persona que rara vez pedía algo, ¿y no eres capaz de encontrar las partituras? ¿Tan difícil es? Podrías haber empezado por llamarme, porque mi madre las tenía, en el atril de su piano. Su último deseo, y algo que podía haber sido un gran momento para ella y para el resto de nosotros, se quedó por el camino.

12

Legado en venta

—Quién sabe, igual resulta ser el próximo Hitler.

Acababa de ver como alguien moría delante de mis narices, y ahora estaba en la situación opuesta, asistiendo al nacimiento del hijo de una amiga. Nos habíamos juntado todos en torno a la bolsa de plástico verde que recogía la sangre y el pringue rezumantes de entre las piernas de nuestra amiga, que estaba a punto de expulsar a su bebé a la luz estéril y fluorescente de la sala de partos del hospital. El sol se ponía a través de las persianas cuando las mujeres gritaron y los hombres se dieron cordiales palmadas de felicitación. Miré a mi alrededor en plena celebración y se me ocurrió que nadie tenía ni idea de qué tipo de persona iba a resultar ese bebé.

Me acerqué a mi novia, que estaba lloriqueando de la alegría, y le susurré al oído:

—Quién sabe, igual resulta ser el próximo Hitler.

Me miró incrédula y luego torció el gesto. Se enjugó las lágrimas para poder echar mejor la vista al cielo y mirarme con desaprobación aún mayor.

—¿Pero a ti qué te pasa?

No es que fuese así de cínico. Simplemente no podía evitar pensar en todas las posibilidades, y se me había ocurrido que en 1889 habría habido también celebraciones y palmaditas (o lo que se estilase entonces) con ocasión del nacimiento del monstruo más horrible que ha conocido el mundo.

Di un paso atrás para ver mejor las lágrimas y celebraciones. Me fijé en el pequeño humano que acababa de salir de la vagina de mi amiga cubierto de pringue.

—Bienvenido a la Tierra —me imaginé diciéndole—. Estás en Kaiser Permanente, en Hollywood Boulevard, uno de los tramos de carretera más deprimentes de este mundo. Espero que te guste.

Me enfrentaba ahora a una tarea que se me hacía inmensa y devastadora: vaciar la casa en la que había crecido con mi familia, cuyos miembros me habían dejado solo. Para entonces ya estaba acostumbrado a atarme los machos (aunque no sé muy bien qué significa eso) y ocuparme de lo que hubiese que hacer en cada momento, por muy peliagudo que fuese, pero la que me esperaba era muy gorda. ¿Sería capaz de soportar el pasar revista a las pertenencias y memorias no solo de mi madre, mi padre y Liz, sino también de los padres de mis padres y de la generación anterior? No soportaba pensar siquiera en ello. Ya no quedaba nadie más que se pudiese hacer cargo de todo, yo era oficialmente el último de la estirpe.

Una vez más, tener trabajo que hacer me ayudó mucho. Igual que pasó al grabar *Electro-Shock Blues*, estar atareado hizo que todo fuese un poco más fácil, pero aun así hubo momentos insoportablemente duros.

Spider, nuestro pipa, llegó desde Virginia para ayudarme. Por las noches iba a dormir a casa de los padres de mi amigo Sean, en la misma calle, porque no era capaz de dormir en la casa. Spider intentó dormir en el dormitorio de mis padres hasta que oyó ruidos raros una noche y atrancó la puerta del dormitorio con el palo de una escoba, convencido de que había fantasmas en la casa.

Nos pasamos los días pensando en qué cosas tirar y qué cosas cargar en la furgoneta de alquiler que Spider conduciría de vuelta a mi casa en California. Mi tía Sally, la mujer de Peter, el hermano de mi madre, vino desde Vermont a ayudarnos, y una amiga de mi padre, Ann, se acercó a echarnos una mano un par de días. Mi madre era de las que lo guardaban todo con una pasión enfermiza, de modo que había cajas enteras de periódicos y trastos inútiles. Pero el ático estaba lleno de cosas de Liz y de objetos que yo no había visto nunca, heredadas de mis abuelos, bisabuelos y demás. Los dormitorios de Liz y de mis padres eran como piezas de museo. Nada había cambiado apenas desde los días en que vivían allí.

En el armario en el que Liz y yo nos encerrábamos de críos encontré una caja llena a reventar de cartas. Escogí una al azar y cometí el error de leerla. Era una carta que mi madre le había escrito a Liz: mi hermana era muy pequeña, y había ido de campamento a Vermont por primera vez. Mi madre intentaba consolarla, ya que nunca antes había estado tanto tiempo fuera de casa. Era tristísima. Hubo muchos momentos como aquel en los que la pena me podía y tenía que dejar de hacer lo que tenía entre manos.

En las páginas amarillas encontré un tipo que tenía una tienda en la que se vendían objetos y muebles heredados. Se acercó para ver si le interesaba comprar algunos de los muebles. Todos eran bastante cutres, y ninguno valía gran cosa, pero aun así me resultaba muy difícil dejar que vendiesen la cama de mis padres por veinte dólares, por muy vieja y cochambrosa que fuese. No era por el dinero: me molestaba pensar que esos recuerdos fuesen tan baratos. Le dije que no podía venderle nada por el dinero que ofrecía y me dio las gracias por hacerle perder el tiempo.

La noche en la que finalmente conseguimos vaciar la casa salí por la puerta principal. No pude evitar pensar en todos los años en los que había cruzado esa puerta, y en que ésa era la última vez que la atravesaba. Spider y yo nos subimos a la camioneta y fuimos a echar un trago en honor de mi padre a Mr. Smith's, un restaurante del centro comercial en la autopista 7 al que le gustaba mucho ir. Después de cenar, Spider y yo volvimos a montarnos en la camioneta y condujimos hasta Vermont para esparcir las cenizas de mi madre en el lago en el que había pasado buena parte de su infancia nadando y remando en canoa. Spider me dejó en Vermont y siguió camino con la camioneta hacia Los Ángeles.

Al día siguiente aparté una tacita con cenizas de mi madre y se la di a mi tía Sally para que la enterrase cerca de las tumbas de los padres de mi madre, en el bosque cercano al lago. Guardé otro puñadito en un bote de carrete fotográfico para conservarlo junto con el que guardaba con las cenizas de Liz en Los Ángeles. Cargado con la caja que contenía los restos de mi madre me subí a una canoa.

Me adentré en el lago, con el sol radiante y el cielo azul y un par de nubes desperdigadas. Vi que tenía cerca otras embarcaciones. Busqué un punto en el centro del lago que pensé que le gustaría. De repente, y sin previo aviso, el cielo se ennegreció y el viento empezó a soplar fuerte y racheado. Del cielo caían gruesos goterones que me golpeaban como piedras. Lo que pensé que sería una emotiva ceremonia íntima entre mi madre y yo se convirtió en una apresurada acción sin ningún tipo de cariño: saqué la bolsa de plástico de la caja, la abrí y vertí el contenido en el lago. El viento me lanzó buena parte de las cenizas a la cara. La escena no tuvo nada de poética. Entonces vi que una de las embarcaciones próximas se me acercaba. El tío que la pilotaba gritó «¡EH!» y me di cuenta de que seguramente pensaba que estaba vertiendo basura en el lago. Tiré la bolsa vacía en el suelo de la canoa y me puse a remar hacia la orilla con todas mis fuerzas.

Recientemente me había trasladado, y de la extraña casita en la colina de Echo Park en la que había vivido durante seis años había pasado a una casa cerca de allí, en Los Feliz, donde tenía más espacio para mis cada vez más expansivas necesidades de grabación casera. El nuevo sótano no era excepcionalmente grande, pero era enorme en comparación con el anterior. A los pocos días de regresar de Vermont, Spider llegó con la camioneta y descargamos el piano vertical de mi madre, sus pajareras y libros de ornitología y todas las cajas con las fotos de familia y escritos de varias generaciones. Instalé el mejor bebedero de pájaros en el patio trasero y decidí dar de comer a los pájaros como una manera de seguir vinculado a ella. También escribí una canción titulada «I Like Birds».

En la casa de enfrente de mi nuevo domicilio vivía una encantadora anciana rumana llamada Birdy. Un día, estaba a punto de subirme a la furgoneta cuando me pidió que la llevase a la tienda de alimentación naturista. Aquello se convirtió en rutina: yo la acercaba a la tienda y ella compraba una hogaza de pan y se sentaba en su porche para dar de comer a las palomas. Cuando yo salía de viaje, ella se encargaba de alimentar a Slinky. Una tarde su hermano vino a verme y me contó que Birdy había muerto, y que había sufrido un cáncer durante años. No tenía ni idea. Ella nunca lo mencionó.

Después de cerrar la casa de Virginia, y como medida de supervivencia, pensé que tenía que subrayar todo lo positivo y considerar ese momento de mi vida como un nuevo punto de partida. Empecé a escribir canciones que a veces reflejaban todavía la tristeza que inevitablemente seguía sintiendo tras todas aquellas muertes, pero que también eran una celebración de la vida. Una de las cosas que las muertes me hicieron ver es que yo todavía estaba vivo.

Today is a lovely day to run
Start up the car with the sun
Packing blankets and dirty sheets
A roomful of dust and a broom to sweep up
All the troubles you and I have seen

Hoy es un espléndido día para correr | Para arrancar el coche con el amanecer | Y echar al maletero mantas y sábanas sucias | Un puñado de polvo y una escoba para barrer | Todos los problemas que tú y yo hemos visto

Otra cosa que había conseguido la muerte era darme nuevos impulsos. Ahora era muy consciente del poco tiempo de que dispone una persona sobre la faz de la Tierra, y por eso me sentía empujado a hacerlo todo tan bien y tan pronto como pudiese. Me puse de inmediato a grabar en el sótano.

Mantuve la actitud positiva durante todo el proceso de grabación de las canciones, pese a que el ingeniero de sonido con el que me tocó trabajar tenía un sentido del humor anclado en 1985: se pasaba las pausas entre toma y toma cantando mis letras con la voz de Buckwheat, uno de los personajes de Eddie Murphy en *Saturday Night Live* («Watching the movie | The world's gonna end», dos versos de mi canción «Daisies of the Galaxy», se convertían entonces en «Watchin'da mooby | Da world's gointa en... ¡O tay!»).

Pronto tuve un disco nuevo titulado *Daisies of the Galaxy* listo para lanzarlo al mundo. Para mí era un disco ligero, luminoso, similar a la alegría y la congoja que me provocaba contemplar a los pájaros del jardín posarse en la fuente y picotear la comida durante cualquier tarde soleada, pero también sucumbir bajo las zarpas de un gato asesino (son cosas que pasan, qué queréis). Cuando le puse el disco a Lenny le encantó. Me dijo que «mejor que eso, imposible», y lo comparó con «dar un magnífico paseo por el parque y que inesperadamente te muerda una serpiente».

Cuando Lenny presentó el disco al resto de la discográfica, no hubo tantas felicitaciones. Recién salido de *Electro-Shock Blues,* el departamento de radiodifusión esperaba algo mucho más optimista y pegadizo. De repente me di cuenta de que no estaban contentos con el disco, y todo mi entusiasmo se esfumó. Acabé hundido en una depresión. Había hecho todo cuanto estaba en mi mano para sobreponerme a la sucesión de tragedias que se había abatido sobre mí y había encontrado la manera de volver a abrazarme a la vida. Estaba encantado con el disco y creía en él tal y como era. Había trabajado muy duro para destilar veintiocho canciones en aquellas catorce, en ordenarlas de manera que funcionasen como un conjunto... y ahora querían que lo cambiase. Pasé meses encerrado en casa, sumido en la bruma de la depresión, mientras el disco acumulaba polvo sobre el escritorio de Lenny. No podía imaginarlo como algo diferente. Era un disco predeterminado.

Tras unos cuantos meses me levanté un día y salí al patio trasero. «Hace un día espléndido, qué coño», pensé. Sentí una nueva ola de optimismo. No había nada que la motivase: simplemente la necesidad de arreglármelas y tirar para adelante. *Tenía* que espabilarme y volver a mirar hacia el futuro. Llamé a Mike Simpson de los Dust Brothers, con quien había colaborado a menudo, y le pregunté si le apetecía juntarse conmigo para hacer algo de música. Enseguida tuvimos un nuevo tema que a todos, incluso a la discográfica, les pareció muy prometedor. «Goddamn right, it's a beautiful day». Empezaba a salir de la bruma.

The smokestack spitting black soot into the sooty sky
The load on the road brings a tear to the Indian's eye
The elephant won't forget what it's like inside his cage
The ringmasters telecaster sings on an empty stage
Goddamn right it´s a beautiful day

La columna de humo escupiendo negro hollín al cielo renegrido | La carga en la carretera arranca una lágrima al ojo del indio | El elefante no olvidará cómo se sintió dentro de su jaula | La telecaster del jefe de pista canta sobre un escenario vacío | Qué coño, hace un día estupendo

La discográfica inmediatamente quiso incluir la canción, titulada «Mr. E's Beautiful Blues», en el disco. Yo tenía fe en el disco y quería que la gente lo escuchase. Después de ver cómo acumulaba polvo en un estante durante siete meses, decidí que la única oportunidad que tenía era intentar plegarme a los deseos de la discográfica, así que me puse a secuenciar de nuevo las canciones para incluir el nuevo tema. Pero, lo metiera donde lo metiera, me parecía que se cargaba el disco. Como canción me gustaba, pero no podía usarla sin perturbar el flujo del disco. Me rendí, desanimado. El disco estaba bien tal y como era, de eso estaba seguro.

La discográfica se empeñó en que incluyésemos la canción, y lo único que se me ocurrió fue añadirla al final del disco como *bonus track*, una moda reciente por la que yo no sentía especial cariño. Les pedí que dejasen diez segundos de silencio entre la última pista del disco, «Selective Memory», y la nueva canción. Luego, en el último minuto, llamé al laboratorio y les pedí que metiesen otros diez segundos, para que pasasen veinte segundos de silencio desde lo que yo consideraba el fin perfecto del álbum hasta que arrancase el nuevo tema.

Lenny me llamó para contarme que había una película nueva, *Viaje de pirados*, y que querían utilizar el nuevo tema para una secuencia. No solo eso: querían grabar un vídeo de la canción, y estaban dispuestos a financiarlo. Yo estuve completamente en contra. Me había gustado que mis canciones apareciesen en otras películas, como *American Beauty* y *El final de la violencia*, de Wim Wenders, pero no quería que aquella canción recién salida del horno se relacionase con una película de universitarios gamberros, nada menos. Eso no es un día espléndido, y tampoco una buena primera impresión para la canción o el disco. Pero se me dijo (muy clarito, además) que o metía la canción en la peli y grababa el video o ya podía ir olvidándome de que alguien supiese que existía el nuevo disco: quizá ni siquiera saliese a la venta.

Me obligaron a participar en un vídeo humillante en el que conducía un autobús con los actores de la película. Me sentía realmente estúpido. Lo único bueno fue que grabamos una escena en la que les daba una paliza a algunos de ellos. A día de hoy sigo sin haber visto la película, pero sé que no era lo que quería hacer como artista en aquel momento y es algo de lo que todavía me arrepiento. Nunca me he arrepentido de haber rechazado todas las ofertas para hacer anuncios. La sensación de haber conservado mi integridad valía mucho más que los millones de dólares que estaba dejando escapar, de eso estaba seguro.

Y, por supuesto, al final no sirvió para nada. Cuando salió la canción nos enteramos por las malas de que a las radios de Estados Unidos no les gusta la palabra *goddamn*, y en la canción aparecía doce veces. Me enteré también de que no se puede decir *goddamn* ni siquiera en los programas televisivos nocturnos: los productores del programa de David Letterman me prohibieron tocar «Mr. E's Beautiful Blues» porque los censores de la CBS permitían el uso de las palabras *God* y *damn* por separado, pero nunca juntas. En vez de eso tocamos otra canción del disco y yo improvisé un pequeño homenaje a los héroes del rock censurados en el estudio Ed Sullivan en el que actuábamos aquella noche.

—*Let's spend the night together* (poniendo los ojos en blanco a lo Mick Jagger) | *Girl we couldn't get much...* HIGHER! (con bramido estilo Jim Morrison).

Y luego alcanzamos ya niveles ridículos. La campaña para llevar al trágicamente inepto candidato republicano George W. Bush a la Casa Blanca usó *Daisies of the Galaxy* como ejemplo de las porquerías que la industria del ocio ofrecía a la juventud. Ya, ya lo sé. De risa. A mí me encantó, claro. Hablaban de nosotros en las noticias de portada del *Washington Post*. Era todo ridículo a más no poder. La portada del CD tenía formato de cuento infantil, y aparecían títulos como «It's a Motherfucker» (que en realidad es una tierna oda a lo duro que había sido perder a la novia con la que recientemente había roto), y por supuesto la canción con todos los *goddamn*: de ahí dedujeron que la portada pretendía atraer a niños de tres años, o yo qué sé. Era fantástico. Podía uno incluso descargarse las letras desde la página web de la campaña presidencial de George W. Bush.

It's a motherfucker
Being here without you
Thinking' bout the good times
Thinking 'bout the bad
And it won't ever be the same

It's a motherfucker
Getting through a Sunday
Talking to the walls
Just me again
But I won't ever be the same
I won't ever be the same

It's a motherfucker
How much I understand
The feeling that you need someone
To take you by the hand
And you won't ever be the same

You won't ever be the same

Vaya putada | Estar aquí sin ti | Pensando en los buenos tiempos | Y en los malos | Nada volverá a ser lo mismo || Vaya putada | Pasarse un domingo entero | Hablando con las paredes | Estoy a solas | Pero no volveré a ser el mismo | No volveré a ser el mismo || Vaya putada | Entender como yo entiendo | La sensación de que te hace falta alguien | Que te tome de la mano | Y nunca volverás a ser el mismo || Nunca volverás a ser el mismo

La canción la había escrito una tarde de domingo especialmente solitaria. Echaba muchísimo de menos a mi ex, y sobrevivir al fin de semana se me hacía durísimo. No tenía nada que hacer y estaba intentando hacer lo que fuera para que acabara el día. Me fui a un cine y me senté solo en una butaca de pasillo, convencido de que así mataría, entretenido, un par de horas. Pero justo antes de que empezase la película, la mujer sentada delante de mí me dijo: «Ya que está SOLO, ¿le importaría cambiar asientos?».

Fue uno de esos días.

Otra de las ofensivas letras que la campaña de Bush presentó ante los medios era la de una canción titulada «Tiger in my Tank», una «cuña» anticomercial que había escrito yo:

When I grow up I'll be
An Angry Little Whore

Cuando crezca voy a ser | Una putita cabreada

El texto se refería a eso que llaman «cultura alternativa», y a que estaba muy de moda dárselas de rebelde sin que detrás de la fachada hubiese una verdadera rebelión. En manos de los adustos conservadores de extrema derecha, la letra tenía que ser entendida *literalmente*, por supuesto. Igual creían que de verdad estaba animando a niños pequeños a prostituirse en cuanto pudiesen o, en el caso de «It's a Motherfucker», a mantener relaciones con sus madres. No soy muy partidario de esos rockeros concienciados y políticamente correctos que se dedican a soltar obviedades, pero incluso yo me quedé sorprendido ante la imbecilidad de aquella gente. *The Washington Post* señalaba:

> Ari Fleischer, portavoz de la campaña de Bush, afirmó que la combinación de palabras soeces y portadas atractivas para el público infantil «demuestra que los padres y familias de América no pueden confiar en que Gore consiga impedir que Hollywood venda tales productos a sus hijos».

Ari Fleischer es el mismo que un año después nos dijo a los americanos que «tuviésemos cuidado con lo que decíamos». Chupaos esa, derechos civiles.

Pocos años después de ganar las elecciones, el vicepresidente Dick Cheney, muy activo en la campaña que equiparó *Daisies of the Galaxy* con la pornografía, perdió los estribos con el senador por Vermont Patrick Leahy y le mandó a tomar por culo durante un encendido debate en el Senado. Tras el exabrupto, Cheney reconoció que se sentía mejor después de haberlo soltado.

Anda y que le den.

13

Estoy muy cabreado contigo | Nina Simone ha muerto

—No eres guapo.

Estoy sentado en una fábrica de ensaladas en algún lugar de Alemania cuando una bonita mujer rusa se vuelve hacia mí y me dice: «No eres guapo».

Un día, (hablo de antes de salir de Los Ángeles) Butch, el bataca, me llamó por la mañana. «Milkman, esta noche he soñado que salíamos a escena con una sección de vientos y otra de cuerdas para tocar las nuevas canciones. Era precioso.»

Butch había decidido usar, él también, el apodo que me había colocado Alan, aquel amigo nuestro de Echo Park. Volvía a ser hora de salir a tocar para la gente. Butch me llamó para contarme lo que se le había ocurrido la noche anterior.

Me gustó mucho la idea de ampliar la formación en el escenario con instrumentos que no hubiésemos empleado hasta entonces. Muy pronto pasamos del trío que habíamos sido en la última gira a un sexteto en el que todos nos intercambiábamos los instrumentos. Había guitarras eléctricas y acústicas, un piano vertical, mandolinas, banjos, violines, saxos, flautas, clarinetes, trombones, trompetas, melódicas, un carillón, tímpanos y una batería, que los seis tocábamos alternativamente al menos una vez.

Después de todo el rock mórbido de la última gira, para mí era importante presentar un espectáculo rebosante de vida. Muchos de nuestros conciertos empezaban con una obertura de canciones anteriores de EELS interpretadas con arreglos completamente distintos de los de las versiones originales, y de ahí pasábamos a nuestra interpretación de la versión de Nina Simone del clásico «Feeling Good», con el trombón y el saxofón barítono a todo trapo para presentar las nuevas canciones y nuestro nuevo enfoque. Cuando tocábamos «Susan's House» era con un texto completamente nuevo y un mensaje sobre el perdón. Había noches que más parecían una velada en Broadway que un concierto de rock. Era glorioso.

Poco antes de que saliese a la venta *Daisies of the Galaxy* fuimos a Inglaterra para actuar en varios programas de televisión. Tras la última aparición televisiva se abrían ante nosotros dos semanas sin nada en la agenda antes de que comenzase la gira por Europa, de modo que casi todos regresaron a Estados Unidos para estar con sus seres queridos. Yo no tenía familiares, y no le veía sentido a volver a América con el tiempo justo para acostumbrarme otra vez a las horas de sueño normales en otro huso horario solo y volver de nuevo a Europa enseguida.

No me había sentido bien desde finales de los ochenta. Desde entonces estaba medio cascado, alicaído. Un día volvía a casa de alguno de mis curros de mierda y de repente me dio tal pereza que tuve que bajarme de la bici y empujarla tres kilómetros hasta casa. Desde entonces no había vuelto a sentirme bien. No se me pasó nunca. Para entonces ya estaba bastante acostumbrado y lo había intentado todo. Casi.

En Los Ángeles tenía por médico a un flipado *new age* de moda entre las estrellas que me había hablado de otro médico más flipado todavía en Alemania, en realidad no era médico, sino alguien que en principio te recargaba las baterías cuando estabas hecho polvo. Aun siendo escéptico, mantengo siempre una actitud abierta a todas las posibilidades; además, no tenía nada que hacer durante dos semanas, y por eso decidí ir a ver al tipo aquel en la campiña alemana, a las afueras de Hamburgo, antes de que comenzase la gira europea.

Me bajé de la avioneta en Hamburgo y allí estaba el «médico» de larguísima barba blanca: había ido a recogerme. Me explicó que solo vería a otra paciente mientras yo estuviese allí, una mujer rusa que había vivido cerca de Chernobyl cuando se produjo el accidente nuclear, y que la conocería al día siguiente. Supuse que me pasaría las dos semanas siguientes al lado de una encantadora campesina rusa. Intentaría no fijarme demasiado en los pelajos que crecieran en el lunar de su nariz mientras ella asentía y me sonreía sin entender ni palabra de lo que le decía.

Al día siguiente me desperté en un frío castillo. Lo habían reconvertido en hotel, y yo era el único huésped en aquel momento. El «médico» me alquiló uno de sus coches. Con él conduje hasta la... fábrica de ensaladas. Resultó que dirigía también una pequeña fábrica que empaquetaba ensaladas orgánicas, y que lo de recargar las baterías de la gente era algo que hacía aparte, en el mismo edificio. El viento se colaba en su oficina: me senté frente a un escritorio y me explicaron cómo mezclar una inmensa pila de vitamina C en polvo en una botella de agua. A continuación me conectaron los dedos a unos electrodos, que en teoría emitían una minúscula corriente eléctrica para matar los parásitos que hubiese en mi cuerpo. Mientras tragaba el batido de vitamina C con los dedos cargados de electrodos en torno a la botella, la puerta principal de la fábrica se abrió de golpe y el viento helador del invierno alemán invadió la sala. Una chica muy guapa entró entonces.

—Ah, Mark —dijo el «médico»—, ésta es Anna. ¿Qué tal te sientes hoy, Anna?

—¡Prer-fecta! —exclamó la muchacha en un encantador y precario inglés de claro acento ruso, con los ojos resplandecientes—. ¡He caminado hasta aquí!

Se sentó junto a mí frente al escritorio y pude ver con mayor detalle los ojos verdes, la nariz romana, los labios carnosos, y el cabello largo y castaño claro. Recuerdo perfectamente que la frase «ésta es la chica más hermosa que hay en el mundo» me rondó por la cabeza. La ansiedad me atenazó cuando comprendí que no iba a poder relajarme durante mi estancia. Ella llevaba allí una semana, y nada más sentarse empezó a conectarse los dedos a los electrodos que tenía frente a ella. Mientras los empaquetadores de ensaladas pasaban atareados junto a nosotros, ella se volvió hacia mí y me espetó: «NO ERES GUAPO».

No tenía el típico acento ruso. No al menos el de los Boris y Natasha de los dibujos animados,* ni el de ninguna persona rusa que yo hubiese conocido hasta entonces. Sonaba como si procediese de un planeta propio. Me gustó mucho su carácter brusco y directo. Una bocanada de aire fresco, y qué diferente de todos los hipócritas que conoces en América, pensé.

Pese a su brusquedad, estaba completamente desprovista de pretensiones. Se había criado en la miseria, había tenido que abandonar su aldea cuando lo de Chernobyl y había conseguido estudiar para convertirse en dentista. En algunos aspectos era muy, muy simple, y en otros extraordinariamente complicada. Quedé subyugado, claro.

Ella pernoctaba en casa de la suegra del «médico», a un par de kilómetros de la fábrica de ensaladas. El doctor vio que nos

* Boris Badunov y Natasha Fatale, arquetipos del espía ruso en la serie de dibujos animados *The Rocky & Bullwinkle Show.*

caíamos bien y me preguntó si quería trasladarme a la casa de su suegra en la que estaba Anna.

—¡Claro! —le respondí de inmediato.

Esa misma tarde llevé mis cosas a la casita. Había tres dormitorios: uno para Anna, otro para mí y otro para la suegra, cuya habitación estaba entre las nuestras. Nos convertimos en inseparables, y siempre que podíamos nos colábamos en la habitación del otro cuando no estábamos en la fábrica.

Dos semanas después abandoné la clínica sin sentirme muy diferente físicamente de como había entrado, pero muy cambiado emocionalmente. Por lo que había podido ver el «médico» era un charlatán: mi cuerpo no se sentía mejor, pero había conseguido una novia, así que no iba a quejarme. Me reuní con la banda en Londres y les conté todo lo que había pasado. Anna dividía su tiempo entre Moscú y Londres y tenía un visado de seis meses que le permitía visitar Inglaterra siempre que quería, así que mis estancias en Inglaterra serían las únicas oportunidades de verla. Su condición de ciudadana rusa implicaba que verla en cualquier otro lugar sería extremadamente complicado, difícil o incluso imposible. En Inglaterra se lo pasó de miedo con nosotros en el autobús de la gira. Tenía la personalidad más extraordinaria que había visto nunca. Aquella chica tan poco corriente, extraña y hermosa, los cautivó a todos. Ponía ketchup en las tostadas y mayonesa en los burritos (en serio). Cuando se hacía tarde y era hora de irse a la cama, no bostezaba, y se arrastraba hasta el dormitorio; me tomaba del brazo y exclamaba: ¡VAMOS A DORMIR! Cada noche se acercaba al camastro de Spider, nuestro pipa, y le decía: «¡Buenas noches, Spider!», con aquel acento suyo ruso tan mono.

Afortunadamente, aquel año tocamos muchas veces en Inglaterra, pero cuando íbamos a otros países no había oportunidad de verla. Hacían falta meses para conseguir los visados para cada país, y ni siquiera teníamos la certeza de que se los concediesen. El consulado ruso era impredecible y muy poco fiable. Aquello iba a ser un problema también cuando yo volviese a Estados Unidos. Salimos de gira por Europa, América y Australia y empecé a echarla terriblemente de menos.

Dimos nuestros dos últimos conciertos en Australia (dos noches en el Atheneum, un inmenso teatro antiguo de Melbourne) y nos quedaba un día libre antes de volar a Japón para otras citas. Me desperté en el hotel de Melbourne y conecté el teléfono. La luz del contestador empezó a parpadear. El mensaje era de alguien de la discográfica que me preguntaba si quería aparecer en un par de programas de televisión ese mismo día. Entendía que era mi día libre, pero les haría un gran favor si accedía. No tenía nada mejor que hacer, como de costumbre, así que lo llamé para decirle que sí.

Durante la segunda aparición (en un programa de entrevistas que se emitía en todo el país) me preguntaron qué me parecía Australia y yo bromeé diciendo que me encantaba el país, porque el tiempo era espléndido y la heroína mejor aún. A decir verdad, nunca he probado la heroína. No éramos una banda de drogatas. Había oído que en Melbourne tenían un problema muy gordo con la heroína y una heroína muy potente, y por eso hice una broma.

Cuando volví al hotel por la tarde Butch me esperaba en el vestíbulo.

—Milkman, ven aquí, que tenemos que hablar.

Me hizo un gesto para que le siguiese al ascensor. Joder, un «tenemos que hablar» ahora no. Eso nunca es buena señal.

—¿Qué pasa? —quise saber.

—Espera a que estemos arriba.

Las puertas del ascensor se abrieron y seguimos el pasillo hasta el cuarto de Butch. Metió la tarjeta en la ranura, abrió la puerta y se sentó en la cama. Yo me quedé de pie.

—Spider ha muerto.

Me pareció tan ridículo que no llegué a asimilarlo. Habíamos tocado la noche anterior y se encontraba bien, muy animado.

—¿Qué?

—Spider ha muerto. Se ha muerto hoy.

—¿Qué? ¿Pero cómo?

—No lo sabemos, igual de un ataque al corazón. Lo han encontrado en el suelo de su habitación.

—Mierda. ¿En serio? No puede ser verdad.

Cancelamos los conciertos en Japón y organizamos el regreso directo a casa. Vino la policía, y se entrevistaron con nosotros uno por uno para comparar notas. Al parecer alguien había visto a Spider con otro tipo al que luego se había visto salir huyendo del hotel, y bajo la nariz de Spider había aparecido un polvillo. Spider no era de drogas. Era un alcohólico empedernido que estaba pasando por una fase de sobriedad después de haber sido despedido por un incidente en el que había caído de morros completamente borracho en el pasillo del avión en el que volaba junto a Butch. Desde entonces había mejorado mucho y lo habíamos repescado. Pero todo apuntaba a que se había reencontrado con algún amigo de los de antes en Australia y habían tomado algo de heroína: como no era alguien que la tomase a menudo (si es que la tomaba) no debió de darse cuenta de lo fuerte que era, o de la mucha que se estaba metiendo, y había palmado. De repente, el chiste que había hecho en la tele había perdido toda su gracia.

Estábamos todos consternados. La policía fue muy amable y comprensiva. Organizamos el traslado del cuerpo de Spider a Estados Unidos y más tarde montamos un encuentro en su honor. La madre de Spider era una diminuta señora de ochenta años que vivía cerca de Boston. Siempre que tocábamos en la ciudad, para hacerme reír, Spider la colaba tras el escenario para que fuese ella la que me pasara las guitarras entre canción y canción. Me acercaba al lateral para recibir la guitarra de Spider y en vez de eso me encontraba a una anciana chiquitita tendiéndome la guitarra que llevaba en ristre. Estuvo presente en la reunión que organizamos y escuchó con nosotros los recuerdos y anécdotas. Butch intentó contar una historia de Spider pero acabó echándose a llorar como un niño pequeño. Pusimos vídeos de Spider en los que aparecía cantando sus canciones y contando chistes, grabados en algunos de los conciertos en los que él había actuado de telonero. Resultaba doloroso verle tan vivo y oírle hablar como si todavía estuviese con nosotros en la sala. De vuelta a casa, incluso cuando no quería pensar en él, siempre que se rompía algo y había que repararlo me cabreaba en silencio con Spider por su aventura del último día de su vida. Él era el tío que venía y me arreglaba las cosas. Supongo que para entonces ya estaba bastante acostumbrado a que la gente se muriese. Pero no puedo decir que, solo porque me estaba acostumbrando a la frecuencia con que se producían las muertes, éstas fuesen más fáciles de sobrellevar.

Las posibilidades de conseguir un visado permanente de turista para Anna eran muy reducidas, casi inexistentes. El gobierno lo pone muy difícil, convencido de que todo el mundo quiere abandonar Rusia para ir a vivir a América. Resultaba evidente que la única forma de poder seguir viéndonos iba a ser el llamado «visado conyugal». Con un visado conyugal podía entrar en Estados Unidos si lo hacía con la intención de casarse. Es decir, que la única manera de volver a vernos sería prometerse en matrimonio.

El matrimonio siempre me había parecido algo que hace la gente «normal». Muchas veces había pensado que la gente lo hacía porque es lo que todo el mundo hace. Pero cuando conocí a una persona tan extraordinaria, tan absolutamente única (habitante de su propio planeta) y me convencí de que era la única manera de verse, la idea empezó a resultar más y más atractiva. Iba a ser una aventura rara, muy rara, pero divertida.

El consulado americano envió por error el visado a Missouri en lugar de a Moscú, de modo que pasaron seis meses antes de que Anna pudiese viajar a Estados Unidos. Cuando por fin llegó, empezó uno de los periodos más felices pero también más estresantes de mi vida.

Cuando bajó del avión en Los Ángeles, el inspector de aduanas vio su pasaporte y le preguntó: «¿Qué va a hacer usted en América?», como le preguntan a casi todos los pasajeros entrantes. Anna respondió: «¿Que qué hago? ¡VIVIR MI VIDA!».

Poco tiempo antes había empezado a aportar canciones a cualquier película en la que apareciese un monstruo verde. Pese al error de diagnóstico de George Bush, sí es cierto que me gusta participar en proyectos para niños. Los chavales sí que se enteran. A todos les gustan los Beatles, por ejemplo. Dame un niño al que no le gusten los Beatles y te enseñaré a una mala persona. Durante su primera noche en Estados Unidos, Anna me acompañó al estreno de la película *El Grinch*, en la que yo participaba con una canción. Detestaba asistir a actos como estrenos o entregas de premios, porque me parecía que sacan a la luz lo peor del ser humano. La gente te trata como a un trapo hasta que se da cuenta de que eres «alguien» y entonces su personalidad cambia por completo. Es algo que me repugna, y por eso, siempre que podía escaquearme, evitaba comparecer. Pero me pareció que podría ser algo divertido para Anna en su primera noche. Al entrar en la sala vio a Jim Carrey a punto de sentarse en su butaca, se le acercó y le dijo: «Hola. En Rusia nos gustas».

Un sábado por la mañana fuimos al juzgado e hicimos cola junto con otras ocho o nueve parejas infelices y embarazadas para casarnos. Ella llevaba puesto un bonito vestido, y yo un traje. Ninguna de las demás parejas se había vestido para la ocasión. Llevaba conmigo un pequeño gramófono de cuerda y una copia de la *Marcha nupcial* que había encontrado en la colección de discos de 78rpm de mis abuelos. Cuando nos llegó el turno, entramos en el juzgado, puse el gramófono sobre una mesa y retiré la tapa. Di varias vueltas a la manivela. Cuando puse la aguja sobre el disco, la *Marcha nupcial* sonó por encima de los rasguños del disco y el juez condujo a Anna hasta donde yo la esperaba.

Más adelante fui a Rusia para conocer a su familia y ver dónde había vivido hasta entonces. Sus padres vivían todavía en la casa en la que ella había pasado su adolescencia, la misma a la que huyeron tras Chernobyl. Era una choza diminuta en un pueblo gris y cenagoso perdido en el campo. La casa entera valdría quizá quinientos dólares americanos. No había agua caliente, y hacía un frío que te cagas. Pero era acogedora, y dormí muy bien allí.

De vuelta a casa, la vida doméstica fue muy entretenida la mayor parte del tiempo. Me pasaba las horas poniendo discos viejos en el tocadiscos del comedor. Bob Dylan, Ray Charles, Nina Simone... Un día, mientras escuchaba *The Freewheelin' Bob Dylan* por trigésimo día consecutivo, Anna, que estaba preparando un té, de repente dejó la tetera, apagó el fogón, se acercó al tocadiscos y apartó la aguja del disco.

—¡ODIO A BOB DEEEE-LANNNNN!

Sin embargo, sí parecían gustarle algunos de los discos que ponía. Me preguntó sí Ray Charles y Nina Simone seguían vivos. Le expliqué que sí y me dijo: «¡Tenemos que ir a verlos!». Le prometí que iríamos a verlos la próxima vez que pasasen por la ciudad. Ray Charles iba a actuar en breve, pero Nina Simone había dado un concierto en la ciudad el año pasado, así que no sabía cuándo regresaría. A aquel concierto fui con Lauretta, de setenta y cinco años y viuda del genial actor cómico Marty

Feldmann. Ver a las grandes leyendas en persona puede ser una gran experiencia. Nina Simone salió al escenario con el público entregado y puesto en pie y dijo: «¿Me queréis?».

La sala estalló en aplausos.

—¡Con razón!

Y a continuación abroncó al bajista por adornarse demasiado. Fue maravilloso.

Un domingo por la tarde llevé a Anna a Pasadena, a un parque en el que Ray Charles ofrecía un concierto gratuito. Nos sentamos en una bala de paja y el gran hombre apareció frente a nosotros y dio su espectáculo. No mucho después oí que Nina Simone iba a dar un concierto en Los Ángeles, pero que no se había publicitado y las entradas se habían agotado inmediatamente. No podía creérmelo. Me disculpé ante Anna por perdernos aquel concierto y le prometí que iríamos al siguiente. Supuse que, puesto que había regresado tan poco tiempo después del último, no pasaría mucho tiempo hasta que volviese por la ciudad.

Algunos meses después encendí el televisor una tarde y pillé un avance de las noticias de la tarde. La locutora dijo: «Nina Simone, la leyenda del jazz, ha muerto. Más información a las seis».

Mierda. Ahora sí que la he cagado, pensé. Me pregunté cómo le daría la noticia a Anna. Pocos minutos después oí que Anna aparcaba su coche frente a la entrada. Entró con el ceño fruncido y la boca apretada, como si hubiese mordido una manzana agria.

—Estoy muy enfadada contigo.

—¿Por qué? —le pregunté.

—¡Nina Simone está MUERTA!

Aquélla fue la época más feliz de mi vida, casi todo el rato. Lo pasábamos de miedo. Pero su encanto personal venía con... en fin, no hay más que ver el título del capítulo 9 de este libro.

No me obliguéis a decirlo. Si es que es verdad: como ella misma dijo una vez, nos conocimos en una fábrica de ensaladas que hacía las veces de clínica *new age* a las afueras de Hamburgo. Por el mismo precio podría haber sido un psiquiátrico.

Al final acabó durando cinco o seis años. No funcionó. Pero también es verdad que estamos en el capítulo 13, así que ¿qué esperabais?

14

Rock Hard Times

Estoy sentado en la taza de un retrete exterior en los bosques de la California central, usando el lápiz atado con una cuerda a la carpeta con los turnos de limpieza para garabatear nuevos textos en papel higiénico.

Llegados a este punto del libro, amable lector, puede que te llame la atención que opte más a menudo por la forma presente del verbo: hasta ahora, lo que te he contado han sido lo que yo considero mis experiencias formativas, por llamarlas de alguna manera. Ahora, sin embargo, nos adentramos en asuntos que me parecen más próximos a la época actual y a quien soy hoy. Recuperemos el hilo, querido lector.

He decidido darme una pausa y alejarme de mis grabaciones y tragedias para participar en el retiro meditativo del que me ha hablado mi ex novia Susan. Será en un sitio perdido por ahí, y durante diez días no podré decir ni palabra. Tampoco está permitido leer ni escribir. Es enero, y en las colinas hace mucho, pero que mucho frío. Lo único que haremos será comer comida de hippies y aprender una técnica de meditación budista. La mayor parte del tiempo la pasamos sentados en el suelo de una sala grande en la que se cuela el viento, a solas con nuestros pensamientos, a los que intentamos poner freno. Te obligas a afrontar la forma en la que funciona tu cabeza, porque no hay nada más. Los primeros días te sientes como si te estuvieses volviendo loco.

Un día, durante una pausa, me sorprendo al ver que se me acerca un puma. Viene directo hacia mí, siguiendo el sendero. Tengo miedo de que se abalance sobre mí y me haga pedazos para poder comerse los anacardos que llevo en el bolsillo y que seguramente ha olido (Susan me había contado que no le habían dado suficiente de comer, y me recomendó que llevase frutos secos en el bolsillo). Pero no se me tira encima. Se me acerca y me mira, como diciendo: «Hey, ¿qué tal estamos?» y luego sigue su camino como si nada. Se me ocurre que debe de haber vivido durante años rodeado de amables meditadores, lo que seguramente ha aplacado sus instintos violentos. La idea me pone de buen humor. Regreso a la cabaña que comparto con otros dos tíos. Se me hace raro vivir y dormir en compañía de dos personas con las que nunca he hablado y con las que no se me permite hablar, pero todos los años pasados en una misma habitación con mi padre me han preparado bien para esta situación. Me muero de ganas de contarles a mis compañeros lo del puma, pero no puedo.

Un día, mientras meditamos, una de las ideas que intento eliminar pero en la que no puedo dejar de pensar es la historia que me contó mi amigo Sean recientemente a propósito de un asesino en serie de la zona de San Francisco conocido como «El secuestrador de almas». Lo que lo distinguía era que no solo mataba físicamente a sus víctimas sino que además afirmaba haber robado sus almas. Pensando en eso, de repente me doy cuenta de que nadie puede arrebatarte el alma si tú no te dejas. Es decir, si tienes conciencia de tu alma y no la vendes, ni dejas que te la corrompan, ¿cómo van a quitártela? Empiezo a repasar las palabras con una melodía:

Souljacker can't get my soul
Ate my carcass in a black manhole
Souljacker can't get my soul
He can shoot me full of bullets holes
But the Souljacker can't get my soul

El Secuestrador de Almas no puede llevarse mi alma | Ha devorado mi cadáver en una negra alcantarilla | El Secuestrador de Almas no puede llevarse mi alma | Puede acribillarme a tiros | Pero el Secuestrador de Almas no puede llevarse mi alma

No puedo dejar de repetir la canción, una y otra vez. Necesito quitármela de la cabeza para poder pensar con claridad. Quiero llamar al contestador de casa para grabarla en esa cinta, pero no me está permitido hablar, y además no hay teléfonos. Una mañana, cuando todavía está oscuro, me escapo al retrete exterior que hay enfrente de nuestra cabaña. Hace poco vi que en el retrete está el único útil de escritura que he podido ver en todas las instalaciones. Me aseguro de que no haya nadie y me llevo la carpeta a uno de los cubículos. Me apunto para limpiar el baño y a continuación escribo nervioso y tan rápido como puedo el texto que me ronda por la cabeza desde hace días. De repente, alguien entra en el baño. Contengo el aliento y escondo el papel y el lápiz tras la cisterna, como si hubiese estado metiéndome drogas en el cubículo. Solo estoy intentando escribir una canción.

Al undécimo día del retiro pasa algo maravilloso. Nos dicen que podemos hablar con quien queramos durante dos horas. A lo largo de los diez días en los que no he hablado con mis compañeros de cabaña he desarrollado una idea sobre cómo son y por qué no me gustan y por qué no les gusto yo a ellos. Pero cuando por fin hablamos me sorprende comprobar lo muy equivocado que estaba. Son gente encantadora y me caen muy bien, y yo les caigo bien a ellos. Es una lección muy importante sobre el modo en que funciona mi mente.

En el camino de regreso a casa me paro a repostar. Se me hace raro estar de vuelta en el mundo real. Mientras pongo gasolina leo el titular de un periódico en la vitrina de una máquina junto al surtidor. MONICA LEWINSKY AFIRMA TENER PRUEBAS. Y pienso: «¿Quién demonios será Monica Lewinsky y por qué escriben su nombre tan grande en el diario?». Había pasado once días sin acceso a medios de comunicación. El escándalo había estallado durante esos once días, y el nombre ya era familiar en todo el mundo.

Cuando vuelvo a Echo Park, grabo con una pequeña grabadora portátil la canción escrita en papel higiénico y la titulo «Souljacker Part II», sabiendo que quiero escribir una primera parte, algo que sucede durante los ensayos para la gira con la banda. Grabo «Souljacker Part I» junto con otras canciones de cariz similar durante las sesiones de *Daisies of the Galaxy* después de la gira, pero decido que las canciones tienen una cierta agresividad musical que las aparta del resto de las canciones que estoy grabando para *Daisies of the Galaxy* y que, antes que hacer un doble álbum para conciliar la belicosidad de las dos «Souljacker» con el aire sereno y tranquilo de *Daisies of the Galaxy*, dejaré de lado las «Souljacker» de momento y las incorporaré a un disco apropiado en el futuro. Al mismo tiempo estoy trabajando en otros tres discos. Termino dos de ellos pero decido que no son lo que quiero presentar, y el tercero me parece un proyecto tan descomunal que me convenzo para dejar que evolucione con el tiempo hasta que esté a punto.

De niño, cuando ves a tu banda favorita tocar en la tele, todo parece muy divertido y emocionante. Pero resulta que, en realidad, para hacerlo bien (bien de verdad, preocupándote por el resultado), hay que trabajar muy duro, y es un modo de vida muy estresante. No es recomendable si no estás entregado por completo a la misión, si no estás dispuesto a renunciar a todo atisbo de vida real. Porque nadie se va a interesar tanto por lo que hagas como tú mismo, y cada día habrá nuevas batallas que librar, batallas difíciles y solitarias. En mi caso no parecen acabar nunca. Quizá yo también exagero, porque soy muy consciente de que la música me salvó la vida. ¿Dónde estaría ahora si no hubiese podido concentrarme en ella? Seguramente en el mismo universo paralelo hacia el que partió mi hermana para reencontrarse con mi padre. Lo que quiero decir es que me tomo la música muy en serio.

Tras concluir la gira de *Daisies of the Galaxy*, volví a centrar mi atención en las dos «Souljacker» ya grabadas y decidí escribir unas cuantas canciones más con John Parish, un inglesito encantador al que había conocido en el plató de *Top of the Pops*. Él tocaba con PJ Harvey el mismo día que actué yo con mi banda. Nos pusimos a hablar y resultó que los dos sentíamos pasión por esos sonidos que hacen que la gente se levante para comprobar si el equipo de sonido está funcionando bien. Le envié «Souljacker Part I» y otra canción titulada «Jungle Telegraph» junto con canciones ya grabadas para el disco y le expliqué que quería hacer unas cuantas más que encajasen con aquéllas. Vino enseguida y estuvo viviendo tres semanas en la chocita del jardín mientras preparábamos unas cuantas más, la mayoría de las cuales él ya tenía a medio empezar en su sótano de Bristol.

John y yo nos encerramos en mi sótano con el ingeniero de sonido y «especialista rítmico» Ryan Boesch y con el bajista y teclista Koool G Murder. Koool G es un tío de lo más tranqui, con una larga barba roja, al que le gusta ir a restaurantes y pedirle al camarero que le sorprenda. Durante algún tiempo imité la práctica del «menú sorpresa» y me dediqué a pedir a camareros y camareras que me trajesen cualquier cosa del menú. Me parecía una buena manera de recordarme a mí mismo que no puedes saber nunca lo que se puede esperar de la vida. A veces te sale el tiro por la culata y te sirven algo que no te gusta nada, pero casi siempre acabé comiendo algo que normalmente no habría pedido nunca y que me encantó. Finalmente llegó el día en el que Koool G fue demasiado lejos: fue en Portugal, durante la gira. La carta del restaurante incluía un plato descrito literalmente así:

PAJARITOS FRITOS (NO RECOMENDADO)

A G le pareció la opción más sorprendente de toda la carta y lo pidió. Al poco llegó una fuente de, efectivamente, pajaritos fritos (con plumas, pico y todo lo demás). Se los comió. Todos le observamos asqueados mientras los pajaritos cruzaban su barbaza roja y se perdían en su boca. Koool G no tuvo muy buen aspecto esa noche durante el concierto: el tono amarillento de su cara resaltaba aún más su barba pelirroja. Se pasó los tres días siguientes vomitando.

La combinación del atildado inglesito John y del muy californiano Koool G, en combinación con el extremadamente floridiano Ryan (imaginaos a Adam Sandler pero en Alabama) podía parecer sobre el papel la mejor receta para el desastre, pero el resultado en las cintas es sorprendentemente fresco. Resulta difícil imaginar gente más dispar, pero tuvimos suerte, y nuestras diferentes personalidades y trasfondos musicales acabaron complementándose en la música para darle un sonido único. Además, lo pasamos de miedo tocando juntos. Estábamos ilusionadísimos con las nuevas canciones. Nos daba la impresión de haber empezado algo nuevo, nunca visto. Juntarme con un grupo de gente que lo pasaba bien y se emocionaba creando música era ahora la forma que tenía yo de sentir que formaba parte de una familia.

Monté una secuencia de doce canciones en forma de disco

y lo titulé *Souljacker.* En esta ocasión escribí muchas canciones con la voz de diferentes personajes, y no siempre desde mi propio punto de vista. En comparación con el recientemente publicado *Daisies of the Galaxy,* la música sonaba muy fuerte, eléctrica y agresiva. Eran los primeros días de mi matrimonio, y por eso busqué tiempo para añadirle al disco un par de cancioncitas empalagosas de amor y que así no pareciese tan monocorde. Además, tenía la opción de aumentar la agresividad de la música para contrarrestar la ñoñería de las letras, como en «What Is This Note?», un experimento en el que quise combinar la repelente poesía de amor de un escolar con el acompañamiento musical más inesperado. De ese modo, la canción ñoña ya no era tan ñoña, sino una especie de celebración desquiciada de alto voltaje. Otra canción ñoña la titulé «World of Shit», para quitarle algo de cursilería:

In this world of shit
Baby you are it
A little light that shines all over
Must take over
And see us through the night

Daddy was a troubled genius
Mama was a real good egg
Why don't we just get together
For whatever
And see if it's alright

En este mundo de mierda | Chiquilla, eres lo que hay | Una lucecita que brilla con ganas | Y debe imponerse | Y ayudarnos a pasar la noche || Papá era un genio atormentado | Mamá era muy buena gente | Por qué no nos juntamos | Para hacer lo que sea | Y ver si así está bien

Sentía que lo que teníamos era justo lo que yo quería: un disco dinámico, ruidoso, vitalista, aparentemente «oscuro» a primera vista pero centrado en realidad en la santidad del espíritu humano.

La discográfica, sin embargo, no compartía mi opinión sobre el disco. Fue descorazonador oír que no estaban encantados con él. Se les hacía difícil acostumbrarse a mi nuevo sonido, y al igual que la última vez querían canciones que en su opinión fuesen bombazos radiofónicos inmediatos. Yo ya no sabía ni qué era eso, si es que lo había sabido alguna vez. Lo único que quería es que el disco saliese bien.

Los tiempos estaban cambiando, y en la industria musical cambiaban muy deprisa. Cada vez era más evidente que habían quedado atrás los días en los que me estrechaban la mano y me daban las gracias por presentar un disco como *Electro-Shock Blues*, reemplazados por la imperiosa necesidad de centrarse en lo que de verdad importaba: la pasta, ganar toda la pasta posible, y a paseo con la calidad y el arte. Pero después de perder a mi familia y ver a tanta gente morir a mi alrededor yo era extraordinariamente sensible a lo que de verdad me importaba. Y no me daba la gana llegar a una solución de compromiso cuando por fin había alcanzado un punto en el que estaba seguro de mí mismo y de lo que estaba haciendo.

Me fui reuniendo con diferentes mánagers para supervisar la publicación del disco. Todos me decían que el disco les parecía magnífico hasta que oían que a la discográfica no le había gustado. Uno era un jovencito punkarra sabelotodo que me dijo que debería remezclar las canciones con un productor que las convirtiese en éxitos. Contraté a otro mánager que parecía encantado con el disco. Al cabo de una semana me llamó para decirme que renunciaba a su comisión porque, según él, yo ya no estaba interesado en escribir singles. Fue una mala época. Creí que me volvería loco. Cada vez que volvía a escuchar el disco para intentar ver lo que les tenía tan preocupados, no era capaz de entenderlo. A mí me sonaba muy bien, y era justo como yo quería que fuese. Después de perder a mi familia, la música era para mí más importante que nunca. Era ahora mi familia. Había puesto mi vida entera en ella, y por eso cada obstáculo era una derrota descorazonadora.

La oficina inglesa de la discográfica se mostró algo más receptiva y fijó una fecha de publicación para el año siguiente, mientras el disco acumulaba polvo en los estantes de la oficina en Estados Unidos. Antes de que saliese el disco comenzamos una gira. Actuamos ante una ingente multitud en el festival de Reading con nuestra nueva imagen: barbazas, guitarras a todo trapo, una batería infernal, vocoders y sintetizadores, tocando canciones nuevas que nadie había escuchado todavía y reformulando canciones antiguas hasta que resultaban casi irreconocibles. Una marea humana que se extendía hasta el horizonte nos miraba desconcertada.

Cuando *Souljacker* fue finalmente publicado en Estados Unidos al año siguiente, la crítica lo ensalzó. La revista *Time* lo escogió como el mejor disco de rock del año hasta la fecha, y mentiría si dijese que no me sentí reivindicado tras la tibia acogida que había recibido en la discográfica. Así que no mentiré. Me sentí muy bien, después de todo el trabajo que había costado sacarlo a la luz. Ahora, años después, me atrevo incluso a echar la vista atrás y sostener que tenía razón. Y todos los que colaboraron en el disco siguen encontrando trabajo por haber participado en él. Y eso sin contar la infinidad de veces que nos han levantado la portada del disco en otras portadas, e incluso en un videojuego muy popular. Vamos, que me da igual. A tomar todos por culo. Dejadme que haga lo que me parece, ¿vale? Ya está bien de cachondeo, gente. Mañana por la mañana me voy a odiar por esto, pero me ha sentado bien decirlo.

No solo la discográfica no estuvo especialmente contenta

con *Souljacker*: a muchos de nuestros fans de anteriores discos tampoco les hizo demasiada gracia al principio, si nos guiamos por las reacciones en el festival de Reading y otros conciertos parecidos. Es lo que tienen los fans. Si les gusta algo de lo que haces y no lo repites, a veces se sienten defraudados. Nunca he entendido esa postura y por eso no le doy ninguna importancia, lo siento. ¿Por qué diablos querrá nadie que todo sea igual todo el rato? Uno puede volver a escuchar *Daisies of the Galaxy* siempre que quiera. No tengo por qué volver a grabarlo. Una vez dicho esto, tampoco es que me hubiese propuesto epatar al mundo con mi «versatilidad». Lo que pasa es que tengo cosas en mi interior que quiero sacar a la luz. Si solo te gusta un tipo de música, lo siento, pero la vida es demasiado corta. Cada disco que he sacado ha provocado una avalancha de cartas de fans cabreados porque no era lo que ellos *esperaban*. Si quieres lo que esperabas, ¿por qué no grabas tu propio disco, eh? Déjame a mí que haga el mío: probablemente no sea lo que esperabas. Me alegro de haber mantenido esta breve charla.

La primera canción que escribí con John Parish para el disco se titulaba «Dog Faced Boy». Conozco a una chica que me contó que de niña tenía los brazos muy peludos, y que en el colegio los demás niños se burlaban de ella y la llamaban «la gorila». Le pidió a su madre, cristiana fundamentalista, que le afeitase los brazos, pero la madre se negó. «La gorila» creció y resultó ser una chica muy guapa y rió la última. Para la canción cambié la historia y la escribí sobre un chaval con vello facial, como los que se exponían en los circos de monstruosidades, para poder cantarla con mayor convicción en primera persona. Me metí tanto en el personaje que me dejé crecer una barba larga y enredada. También me corté el pelo muy corto. La combinación hizo que pareciese un devoto musulmán.

Going back to the school tomorrow
Hang my hairy head in sorrow
Ain't no way for a boy to be
Ain't no way to set me free now
Ma won't shave me
Jesus can't save me
Dog faced boy

De vuelta al colegio mañana | Con la peluda cabeza gacha | Los chicos no tendrían que ser así | Ya no hay manera de liberarme | Mamá se niega a afeitarme | Jesús no puede salvarme | Chico caraperro

El 11 de septiembre de 2001 estaba en Londres, en plena gira de *Souljacker*. Participé en un programa matinal de radio en el que debatí con el presentador sobre su negativa valoración del disco que Bob Dylan había publicado ese mismo día. Le pregunté: «¿De verdad crees que sabes más que Bob Dylan?».

Volví al hotel para echar una cabezada. Treinta minutos después, el mánager de la gira llamó a la habitación y me despertó.

—¿Has estado viendo la CNN?

—No, ¿por qué?

—Un avión se ha estrellado contra el World Trade Center.

Encendí el televisor, al igual que el resto del mundo, y contemplé horrorizado como un segundo avión chocaba contra la segunda torre. Era todo tan irreal que nadie sabía cómo interpretarlo. Estaba previsto que aquella tarde grabásemos una sesión en directo con la banda en unos estudios radiofónicos y decidimos que había que hacerlo. Circulaban todo tipo de rumores sobre otros aviones de camino hacia diversas áreas y objetivos. Mientras nos preparábamos para tocar nos llegó el rumor de que un avión secuestrado se dirigía hacia el West End de Londres, que era donde estábamos. Nos dijimos que si había que palmar, mejor palmar tocando. Enviamos a uno de los pipas a por cerveza y procedimos a pillar una cogorza y tocar como si fuésemos a morir en cualquier momento.

El rumor resultó ser solo eso, un rumor. Terminamos la sesión y regresamos al hotel. Comprobé los mensajes del contestador y oí la voz de mi tía Sally anunciándome que había malas noticias. Mi prima Jennifer y su marido eran personal de a bordo en el avión que se había estrellado contra el Pentágono. Por lo general no se permite que los asistentes casados trabajen en el mismo vuelo, pero ambos iban a tomarse unas vacaciones en Los Ángeles al término del viaje y la compañía había hecho una excepción. Resultaba espantoso oír las historias de la tele y la radio: era muy posible que el personal de a bordo hubiese sido torturado o asesinado. Algunos meses después, los pocos restos que pudieron identificarse fueron remitidos a mi tía Britt y mi tío Bob, los padres de Jennifer: una bolsa de vuelo calcinada.

Después de todo lo que había pasado había desarrollado una actitud de «tirar hacia delante» y continué con la gira. De repente, mi nuevo aspecto, que hasta entonces no había tenido mayor importancia, empezó a ser muy incómodo en cada nuevo aeropuerto. Antes del 11-S, el personal de seguridad de los aeropuertos se me acercaba y me decía: «Mola la barba, tío. Ojalá pudiese yo dejarme una igual». Pero ahora era una amenaza en potencia, y siempre me sacaban de la cola para interrogarme. Al final llegó un punto en el que tuve que afeitarme.

De vuelta en Estados Unidos, y tras descansar un poco, me empezó a entrar miedo a los aviones, como seguramente le pasó a mucha gente tras los ataques. El vuelo de regreso desde Europa fue aterrador. Constantemente imaginaba que nos estrellaríamos contra un edificio en cualquier momento. No quería acabar como los cuerpos desmembrados que había visto en la calle cuando aquel avión se estrelló en mi barrio. Diseñé la gira por

Estados Unidos de tal manera que no hiciese falta tomar ningún avión. Para el primer concierto de la gira tomé un autobús desde Los Ángeles hasta Austin (Texas). El resto de la banda fue en avión.

Wim Wenders, el director de *París, Texas* y *El cielo sobre Berlín*, había escrito una película en la que quería que yo actuara. Me puse a pensar en ello y, pese a que la idea me aterraba, decidí que tenía que ser capaz de afrontar el reto. Me había hecho amigo de la actriz Jennifer Jason Leigh cuando compuse la música para su película *The Anniversary Party*, y ella me había ofrecido clases de interpretación si alguna vez pasaba por Nueva York. No podía dejar pasar la oportunidad de recibir lecciones de una de las mejores actrices del planeta, pero seguía teniéndole miedo al avión, así que decidí cruzar el país en tren. Me llevó cuatro días de ida y otros cuatro de vuelta, pero disfruté mucho de no tener nada más que hacer que leer, escuchar música y trabajar en ideas para un nuevo disco. Al final decidí no aparecer en la película, pero las clases de Jennifer fueron una experiencia magnífica y me siento afortunado por haberlas recibido, aunque luego no les haya dado uso. Además, del viaje saqué algo en claro con lo que no contaba.

A veces, para matar el tiempo, me sentaba en el vagón comedor y escuchaba a los vejetes que trabajaban en el tren. Empecé a darme cuenta de que el sistema de transporte ferroviario de pasajeros en Estados Unidos estaba en las últimas. Funcionaba a trancas y barrancas, como un anacronismo en el veloz mundo moderno. Y noté también que en cierto modo me sentía identificado con esa idea en cuanto músico y compositor dentro del cambiante negocio musical moderno. Pensé en Lenny Waronker, un tío respetadísimo en el negocio, que además estaba en él por los motivos correctos (adoraba la música), pero para quien cada vez parecía haber menos sitio. Empecé a incubar la idea de una canción en la que comparaba lo que sentían aquellos vejetes enfrentados a un presente incierto y un futuro más incierto aún en los trenes. Compré una guía de trayectos para consultar el nombre de las viejas líneas que habían recorrido la zona en la que me había criado en Virginia y que entretanto habían quedado sepultadas bajo el asfalto.

I feel like an old railroad man
Ridin' out on the Bluemont Line
Hummin' along Old Dominion Blues
Not much to see, and not much left to lose
And I know I can walk along the tracks
It may take a little longer but I know
How to find my way back

I feel like an old railroad man
Who's really tried the best that he can
To make his life add up to something good
But this engine no long burns on wood
And I guess I may never understand
The times that I live in
Are not made for a railroad man
I feel like an old railroad man

Me siento como un viejo ferroviario | Que trabaja en la línea Bluemont | Tarareando Old Dominion Blues | No hay mucho que ver, y poco que perder | Y sé que puedo caminar por las vías | Me llevará algo más de tiempo pero sé | Cómo encontrar el camino de vuelta || Me siento como un viejo ferroviario | Que de verdad hizo todo lo que pudo | Para que su vida resultase en algo bueno | Pero este motor ya no consume madera | Y supongo que ya no entenderé nunca | Los tiempos que me toca vivir | No están hechos para los ferroviarios | Me siento como un viejo ferroviario

Para entonces, las cosas estaban tan jodidas en el negocio de la música que un artista de los grandes como Johnny Cash tenía que grabar versiones de canciones de jovenzuelos de moda para tener algún tipo de relevancia y atraer a nuevos oyentes. Imagina: uno de los grandes talentos naturales de la época cantando, incómodo, canciones que se le hacen extrañas. Me indigna tanto como cuando Sinatra cantaba «L.A. Is My Lady» en un descarado intento por sumarse a la ola de la música disco cuando ésta estaba de moda. Si quieres saber mi opinión, Johnny estaba perfectamente de viejo ferroviario.

En el tren de regreso voy pasando revista a algunas de las canciones del disco en el que llevo años trabajando cuando buenamente puedo. Casi todas son canciones bonitas, con complicados arreglos para secciones de cuerda, vientos y metales. Escucho una escrita diez años atrás, titulada «Blinking Lights». Luego vuelvo a escucharla pero sin mi voz, solo instrumental. Pienso en todos los momentos terribles que ha habido en mi vida, pero también en los momentos buenos, lucecitas que parpadean en el árbol de Navidad. Me empiezo a animar pensando que puedo titular el disco en el que llevo años trabajando *Blinking Lights* y ofrecer primero una versión de la canción en la que yo canto y luego otra para que el que cante sea el oyente. Quiero que el disco sea bonito, compasivo, que sea amigo de quienquiera que lo escuche.

Blinking lights on the airplane wings
Up above the trees
Blinking down a morse code signal
Especially for me
Ain't no rainbow in the sky
In the middle of the night
But the signal's coming through
One day I will be alright again

> Luces intermitentes en las alas del avión | Por encima de los árboles | Tartamudean un mensaje en morse | Especial para mí | No hay arcoíris en el cielo | A medianoche | Pero la señal me llega | Un día volveré a sentirme bien

Regreso a casa reconfortado y con ganas de trabajar en el disco. Pero el proceso rápidamente se me hace tedioso. Un día estoy en el estudio de Jim Lang, repasando por milmillonésima vez el mapeo de un arreglo de cuerdas en su ordenador, y estoy tan aburrido y frustrado que empiezo a concebir un nuevo disco mientras arreglamos aquello automáticamente. Pienso en los discos de Muddy Waters que he estado escuchando recientemente y en lo mucho que admiro el estilo directo, sucinto y sencillo de la composición y la interpretación. De repente me *muero* por juntar a la banda de la gira de hace unos meses en una habitación, enchufar unas cuantas guitarras eléctricas y tocar como una banda de garaje. No soporto más este entorno estéril. En cuanto llego a casa esa noche los llamo a todos y organizo un plan para sacar un disco nuevo cuanto antes. A la mañana siguiente bajo al sótano y empiezo a escribir canciones, dos o tres cada día.

Mientras tanto, Butch y yo tenemos problemas de dinero. Él ha andado tocando en paralelo con otra gente y no está contento con nuestro acuerdo. Quedamos en que seguiremos colaborando pero de manera más esporádica, sin ataduras. Acude a las sesiones para tocar en el disco antes de salir de gira. Nos ponemos en círculo y tocamos como una banda de directo durante diez días. El resultado es un disco al que bautizo *Shootenanny!* La idea es que la locura de los tiempos en los que vivimos requiere que a alguien se le ocurra un nombre gracioso para la matanza organizada por un loco armado hasta los dientes. ¿Por qué no yo?

Cuando entrego el disco en la discográfica se muestran mucho más interesados que con cualquier otro de los discos que les he presentado. Los presidentes de todos los departamentos me llaman a casa para felicitarme. A diferencia de los dos discos anteriores que he entregado, hay mucho revuelo en las oficinas con el nuevo disco de EELS y muy pronto se establece una fecha de publicación.

En los meses que transcurren desde que entrego el disco hasta que aparece en las tiendas está pasando algo entre bastidores en la discográfica de lo que no somos conscientes. Si la compañía no genera una determinada cantidad de dinero ese año, será vendida a otra multinacional. Por eso mismo, a partir de entonces solo importan los artistas con el mayor potencial recaudatorio. Aún no lo sabemos, pero el interés por *Shootenanny!* se ha convertido en secreto en absoluta apatía.

El día de mi cuarenta cumpleaños estoy en Londres, mareándome en el coche de camino a una sesión fotográfica en un refugio de aves bajo un chaparrón frío e inmisericorde (*I Like Birds*... ¿Lo pilláis?). Soy más viejo de lo que nunca fue mi hermana: suena muy raro. Tengo que seguir tirando. No le cuento a nadie que es mi cumpleaños.

De vuelta a casa veo en la tele el programa especial de la «reaparición» de Elvis en 1968 y decido que tengo que vender la banda con trajes de poliéster rojo como los de Elvis. Recorremos el mundo dos veces y damos más de ochenta conciertos.

Uno de mis grandes ídolos musicales, Tom Waits, es miembro del jurado de los premios musicales Shortlist, que pretenden ser una especie de anti-Grammys y en los que se premia el talento y no la popularidad. Su candidato es *Shootenanny!*, lo que hace que me sienta revindicado y me da una muy necesaria dosis de confianza en mí mismo que consigue incluso penetrar mi piel y permanecer conmigo algún tiempo. Nunca pensé que un premio pudiese significar algo para mí, pero cuando uno de tus ídolos aprecia algo que has hecho al punto de proponerlo para un premio... pues está bastante bien.

Una mañana durante la gira me despierto en St. Louis con el timbre del teléfono. Me entero de que nuestro amigo Elliott Smith ha muerto en Echo Park.

La primera vez que vi a Elliott, en 1996, salí del cuarto, agarré a un amigo común del brazo y le dije: «Ese tío me preocupa». Era un tipo encantador, muy callado, aparentemente desprovisto de una armadura con la que protegerse, que iba a más en el negocio de la música: mal sitio para los desvalidos, al parecer. En comparación con él, me sentía fuerte y seguro, y eso ya es decir algo.

Recuerdo que una de las últimas veces que lo vi estaba sentado en el sofá de la oficina de Largo, el club de Los Ángeles en el que Elliott y yo tocábamos a menudo. Lisa Germano nos estaba contando a Elliott y a mí una historia sobre algo que le había pasado recientemente. Flanagan, el propietario de Largo, tenía un perrito lanudo llamado Seamus que acababa de saltar al sofá y se había colado detrás de Lisa. Mientras ella explica su historia, Seamus apoya las patas delanteras en los hombros de Lisa y se pone a refrotarse contra su espalda, pero Lisa parece no darse cuenta y continúa contando la historia. Flanagan y yo nos reímos tanto que se nos saltan las lágrimas, pero Elliott se le aproxima aún más e intenta dejar que termine con dignidad, pese a que tiene a un perrazo blanco montado en la espalda dale que te pego.

Esa misma noche subo al escenario para tocar unas cuantas canciones. Termino con la favorita de George Bush «It's a Motherfucker» y abandono el escenario. Justo cuando arranca la música del club siento una mano que se apoya en mi espalda. Me giro y veo a Elliott frente a mí en la oscuridad. «Bonita canción», me dice. Si alguien sabe de verdad lo que es sufrir una putada, ése es Elliott.

Acabó encontrando la manera de protegerse, y con los años su personalidad cambió por completo a consecuencia de las drogas que se metía. Empecé a oír historias sobre él: compraba compulsivamente cámaras desechables para poder fotografiar un coche que, estaba convencido, le perseguía. Una noche Elliott me dio su nuevo número de teléfono y me dijo que le gustaría quedar para tocar la guitarra y ver qué pasaba, y la verdad es que me apetecía, pero pospuse demasiado tiempo la llamada. Cuando se metió en aquella fase oscura, yo me asusté demasiado y no quise acompañarlo. Creo que para entonces Elliott y mi hermana Liz tenían mucho en común, y yo ya había sufrido bastante, lo siento.

En Manchester me pongo enfermo y pierdo la voz justo antes de que empiece el concierto. Se han vendido todas las entradas y el público está en el recinto. Nos dicen que si suspendemos el concierto el público de Manchester es muy capaz de asaltar el escenario. Llega un médico para ponerme una inyección y paso una hora con la cabeza bajo una toalla haciendo vahos. Consigo sacar adelante el concierto, pero los rigores de la gira me empiezan a pasar factura: sufro constantemente catarros de tanto sudar en el escenario y pelarme de frío en el autobús, y en cada avión al que me subo me pillo alguna mierda (conseguí superar mi miedo a volar justo a tiempo para desarrollar pánico a los gérmenes de los restantes pasajeros). Me paso el año medio ronco y pierdo registro y potencia vocal. Cuando llego a casa tengo que operarme para que me extirpen un quiste que se ha formado en las fosas nasales. Una semana después de la operación voy al médico para que retire las gasas de la nariz. Cuando las extrae sufro el dolor más brutal que haya sentido nunca: es como si me estuviesen sacando el cerebro por la nariz.

En Montreal, Lenny me llama a la habitación del hotel para contarme que DreamWorks Records va a ser vendida a Universal Music y que ni él ni Mo seguirán trabajando para la empresa. Me da una pena horrible perder a Lenny y Mo, pero también noto cierta emoción ante la incertidumbre futura. Por fin sé apreciar las encrucijadas que encuentro en mi camino, y pienso confiar en esta nueva posibilidad. Me busco unos billares en Montreal para echar unas cervezas y un par de partidas con la banda.

15

Luces parpadeantes (para mí)

Estoy de pie sobre la desvaída y manchada moqueta azul celeste del dormitorio de Johnny Cash. No queda nada en la habitación excepto la cama de Johnny y June, un retrato de los dos colgado de la pared y el ascensor instalado durante los últimos años de vida de Johnny para que pudiese subir y bajar las escaleras. June murió y Johnny la siguió dulcemente poco después (yo predije que nos dejaría tres meses después que ella; fueron cuatro). Estoy en su casa, a las afueras de Nashville: he venido con la intención de comprar parte de sus tierras. Me quedo solo en la biblioteca secreta de detrás del dormitorio, donde Johnny pasaba horas con su guitarra y sus libros y lo imagino ahí sentado, alzando la vista de un libro para sonreírme. Me acerco al recargado baño de June para echar una meada. Qué triste es todo, pienso para mí. Esto es lo que queda de una vida tan increíble: una casa vacía con la moqueta manchada. Me recuerda demasiado a la casa de mi familia después de que todos murieran. Decido no comprar los terrenos. No mucho después, la casa de Johnny y June arde hasta los cimientos.

Uno de mis pasatiempos favoritos consiste en imaginar cuánto tiempo pasará entre que muera y encuentren mi cuerpo. Paso tanto tiempo a solas que seguramente tengo muchos números para ser una de esas personas que la palma sin que nadie se dé cuenta durante días o semanas. ¿Y si mi sabueso Bobby Jr. se ve obligado a devorarme porque no estoy ya para darle de comer?

Supongo que tengo que pensar en estas cosas porque llegado a este punto la sensación que tengo es que la muerte no anda nunca muy lejos de mí. Siempre puedo oírla cuando llama a la puerta. Hace poco me fui de vacaciones con la banda, mis primeras vacaciones en diez años, y me fijé en algo muy interesante. De día todos querían ir a la playa y, por la noche, tumbarse a contemplar las estrellas. Me di cuenta de que estas actividades me aburrían más que a los demás y entendí que a la gente le gusta mirar el horizonte de la playa y el infinito cielo nocturno porque les arranca de la rutina diaria y les hace pensar en cosas más trascendentes. Yo, en cambio, no dejo nunca de pensar en esas cosas.

Aproveché la convalecencia de la operación para pasar el invierno entero descansando sin trabajar en nada por una vez. Me limité a quedarme sentado en casa, matando el tiempo como mejor podía. Responder a las llamadas equivocadas dirigidas al videoclub local, cuyo número difiere del mío en un dígito, se convirtió en un pasatiempo bastante absorbente. Cuando un chico me llama para preguntar si tenemos la última película de acción y aventuras, le pongo en espera para que piense que repaso los estantes y luego le digo que están todas alquiladas. Luego le pregunto si ha leído el libro. Me responde que no y le pregunto cuándo fue la última vez que leyó un libro. Me cuenta que ha pasado algún tiempo y yo le digo que debería ir a la biblioteca y leer algo. El chaval me dice que vale. Recibo muchas llamadas como ésa y hacerme pasar por el empleado del videoclub se convierte en uno de mis principales pasatiempos.

Llegó un punto en el que me cansé de pensar tanto y no hacer nada más que hablar con chavales que creen que soy el empleado del videoclub. Una idea empezó a tomar forma en mi cabeza: debería hacer un disco en el que lo importante fuera sentirlo y no darle vueltas en la cabeza, como las películas de Kubrick y Bergman que adoro. Por entonces llevaba algún tiempo pensando que *Blinking Lights* podría tener un hilo conductor lineal, del nacimiento a la muerte, con todas las etapas de entremedio. Pero ahora me parecía todo demasiado específico, demasiado similar a una ópera rock. Decidí que no quería que fuese tan específico y que además quería incluir pasajes instrumentales y mucho espacio de relax repartido en dos discos. Quería que estuviese cargado de vida y amor, que abordase la idea de Dios, del Dios que está en los detalles, sea Dios lo que sea. Quería que hablase de la condición de estar vivos. Volvía a hacerme ilusión ponerme a trabajar.

Sí, había pasado por situaciones bastante terribles. Pero tampoco podía cerrar los ojos a las cosas maravillosas que también me habían pasado, y eso era algo que quería reflejar en mis canciones. Una mañana, mientras me lavaba los dientes, me miré en el espejo del cuarto de baño. Vi a mi padre reflejado. Me di cuenta de que en muchos aspectos podía identificarme con él. Había aprendido mucho leyendo sobre él. Sé que le deprimía sentirse infravalorado o incomprendido, y que prefería que lo dejasen a solas. Sé que llevaba la misma ropa todo el tiempo, como yo. Me di cuenta de que yo me había sentido como él debió de sentirse todos aquellos años en los que no quería que le molestaran porque tenía alguna idea descabellada entre ceja y ceja que estaba intentando poner en orden. Estás a punto de descifrar el código y el niño quiere jugar a béisbol. Ahora lo entiendo. Los dos somos «hombres de ideas», y todo lo ajeno a esas ideas es una distracción. Me había pasado años enteros cabreado con él, pero ahora que veía lo mucho que llevo de él dentro de mí se me hacía fácil identificarme con él. Le perdoné. Y la vida cambió de inmediato para mejor. Mis padres no tenían ni pajolera idea de cómo educar a un niño, es cierto. Pero también sé ver que hicieron todo lo que pudieron con los medios de que disponían.

Además, todos los infortunios que he pasado hacen que los demás momentos de mi vida resulten más atractivos y me gusten más. Cualquier cosa es atractiva si la comparas con tener que limpiar de mierda a tu madre, ¿verdad?

Quería celebrar la vida, con lo bueno que tiene y con lo malo. Por fin veía la suerte que había tenido al pasar por trances aparentemente tan horribles, porque eso significaba que era uno de los afortunados que experimenta un amplísimo abanico de situaciones durante su vida.

Un compañero de trabajo de mi padre me había contado que uno o dos días antes de morir, mi padre le había dicho que había llevado una buena vida y que si fuera a morir en ese instante lo haría satisfecho. Supongo que, puesto que murió un par de días después, habría que ser muy precavido a la hora de hacer semejantes declaraciones, pero reflexionando sobre ello empecé a entender por qué se sentía así. Las duras circunstancias a las que había tenido que sobreponerme me hacían ahora más fácil apreciar de verdad las cosas realmente maravillosas de la vida. Vivía en una casa que me encantaba, tenía muy buenos amigos y estaba en condiciones de ganarme la vida haciendo algo que adoro y que tengo que hacer. ¿Cuánta gente hay que de verdad llegue a encontrarse en esa situación?

Aún sufría momentos de desesperación, pero me sentía más fuerte, y ya no tenía la sensación de que fuesen a abrumarme. Quería expresar lo agradecido que estaba por las experiencias de mi vida, tanto por las espantosas como por las fantásticas.

Pensé en el momento en el que se me doblaron las rodillas y caí al suelo al oír que Liz había muerto.

Do you know what it's like to fall on the floor
And cry your guts out 'til you got no more
Hey man now you're really living
Have you ever made love to a beautiful girl
Made you feel like it's not such a bad world
Hey man now you're really living

Now you're really giving everything
And you're really getting all you gave
Now you're really living what
This life is all about

Well I just saw the sun rise over the hill
Never used to give me much of a thrill
But hey man now you're really living

Do you know what it's like to care too much
'Bout someone that you're never gonna get to touch
Hey man now you're really living
Have you ever sat down in the fresh cut grass
And thought about the moment and when it will pass
Hey man now you're really living

Sabes lo que es caer al suelo | Y llorar a chorro hasta quedarte vacío | Hey, tío, ahora vives de verdad | Alguna vez le has hecho el amor a una hermosa mujer | Que te haya hecho sentir que el mundo no es tan malo | Hey, tío, ahora vives de verdad || Ahora estás echando el resto | Y recuperas lo que invertiste | Ahora estás viviendo al fin | El sentido de la vida || Acabo de ver el sol ponerse tras la colina | Antes nunca me emocionó especialmente | Pero hey, tío, ahora vives de verdad || Sabes lo que es preocuparse demasiado | Por alguien a quien nunca llegarás a tocar | Hey, tío, ahora vives de verdad | Te has sentado alguna vez en la hierba recién segada | Y has pensado sobre el instante, y sobre cuándo pasará | Hey, tío, ahora vives de verdad

Parece que siempre que no estoy trabajando en música nueva empiezo a marchitarme. Me siento rejuvenecido después de tanto tiempo sin saber qué hacer conmigo mismo. Cuando grabo las nuevas canciones en el sótano me siento más feliz de lo que nunca recuerdo haberme sentido. Trabajo durante varios meses, dos semanas de grabaciones seguidas de dos semanas de pausa para escuchar, secuenciar, editar y decidir qué tiro y qué necesito para las dos semanas siguientes de grabaciones. El toma y daca se prolonga durante meses.

Un día me encuentro hablando por teléfono con mi héroe Tom Waits. No puedo creer que esté hablando con Tom Waits, un artista al que admiro desde hace mucho y al que soy incapaz de imaginarme como una persona real fuera del escenario; pero la voz cavernosa al otro extremo del hilo es inconfundiblemente suya. Más adelante me llama la persona que le ha dado mi número para preguntar si no era un problema habérselo dado. Le digo que no me gusta que mi número circule por ahí, pero que si John Lennon, Bob Dylan o Tom Waits se lo piden, no hay problema ninguno en dárselo.

Mientras hablo con Tom reúno el valor suficiente para preguntarle si le interesaría hacer algo en el disco que estoy preparando. Me dice que sí, pero que tendrá que ser en una grabadora de cuatro pistas para que él pueda grabar su aportación como a él le gusta: en el cuarto de baño de su casa. Suelto de inmediato el auricular para sacar del armario mi vieja grabadora de cuatro pistas, solo para comprobar que graba al doble de velocidad que la que usa Tom. Se lo digo a mi ingeniero de sonido Tom Ryan y decidimos que lo más fácil será buscar en eBay el mismo modelo que usa Tom. Enseguida damos con una y nos la envían al día siguiente. Grabo mi parte en dos pistas de la grabadora y dejo otras dos para que las use Tom con la suya. Le envío la cinta con instrucciones muy precisas sobre lo que quiero que haga. Él hace caso omiso de mis instrucciones, borra por error la pista en la que yo canto y me devuelve una cinta en la que patea por su cuarto de baño chillando y llorando como un bebé. A Tom Waits no se le dice lo que tiene que hacer. Es fantástico. Me pide mil disculpas por haber borrado la pista en la que cantaba y como compensación se ofrece a cortar madera y segar la hierba de mi patio. Yo, por supuesto, estoy encantadísimo con toda la historia: *Tom Waits ha borrado una pista en la que yo cantaba.*

Me reúno con el ejecutivo que me han asignado en Interscope, la compañía de Universal que se ha hecho cargo del cadáver putrefacto de DreamWorks Records. Le hablo del extenso doble álbum, de que se ha convertido en una misión para mí y que tengo que completarlo. Él me larga no sé qué sobre que soy un artista muy respetado y que su sello es el lugar apropiado para este proyecto. Salgo contento de la reunión.

Tras muchos meses, escucho la última versión del disco y me doy cuenta de que no tengo dudas acuciantes sobre aspectos que puedan cambiarse. Entiendo que he terminado. Notifico a la discográfica que voy a empezar el proceso de masterización para ecualizar el sonido de mis grabaciones y convertirlas en una copia maestra con la que poder trabajar. Los mánagers llaman al ejecutivo aquel y le dicen que el sello puede escuchar parte del disco. El ejecutivo dice: «No creo que éste sea el lugar adecuado para él», y se niega a escuchar siquiera las grabaciones.

La sensación de triunfo por haber terminado el disco se desvanece cuando me doy cuenta de que acabo de crear (y pagar) un mastodóntico disco doble de treinta y tres cortes que la discográfica no quiere escuchar ni sacar al mercado. No sé qué hacer y continúo con el proceso de masterización, que a la mayoría de los artistas les lleva uno o dos días pero para mí se prolonga durante tres meses. En el primer sitio al que lo llevo no saben por dónde cogerlo y me envían de vuelta al final de la cola. Luego se lo llevo a mi amigo Dan Hersch, que ha masterizado algunos de nuestros discos en directo. El álbum es muy dinámico y en determinados aspectos muy complicado. Hay secciones muy bonitas y serenas y otras estruendosas. Es difícil ponerlo todo en orden de canción en canción para que fluya y tenga el impacto que yo quiero que tenga como conjunto. Para entonces vivo obsesionado con el disco y me siento física y psicológicamente incapaz de soltarlo hasta que sea exactamente como yo creo que puede y tiene que ser.

Ray Charles muere y su cuerpo es expuesto al público en el centro de convenciones de Los Ángeles. Soy una de las primeras personas que guardan cola para asistir al último espectáculo del Hermano Ray. Cuando vuelvo a casa a media tarde, Dan Hersch me llama para preguntarme si tengo una pistola. Lleva meses haciendo alambicados cambios a la masterización y ha llegado a un punto en el que prefiere volarse los sesos antes que seguir trabajando en el disco. Cuelgo el teléfono y me tumbo a descansar. Yo también tengo ganas de pegarme un tiro. Me siento completamente solo y me pregunto cómo he llegado a esta situación en la que he invertido todo mi dinero y toda mi energía en la producción de un álbum elefantiásico que nadie me ha pedido. He pasado siete años trabajando en esas canciones, y ahora parece que a nadie le importa lo más mínimo. Me da la impresión de que soy el único para el que significa algo, y que he puesto todo lo que tengo en crearlo. Qué ironía: la creación de un disco sobre la alegría de vivir me ha llevado al borde del suicidio.

16

Cosas que los nietos deberían saber

—¿Cómo es posible?

Estoy sentado en un hotel pijo en París. Mick Jagger está en el vestíbulo, tomando té. Yo estoy encerrado en la helada sala de conferencias, dando una entrevista para la televisión. La periodista francesa me pregunta por la canción «Things the Grandchildren Should Know», que está a punto de salir en el disco *Blinking Lights and Other Revelations*, que por fin va a ver la luz un año después de que lo haya terminado.

—¿Tienes hijos? —me pregunta la periodista en un inglés con un fuerte acento.

Me arrellano en la silla de madera que me han ofrecido.

—Todavía no. Voy a pasar directo a los nietos —le digo.

Ella parpadea y me mira sin comprenderme, achina los ojos y frunce el ceño.

—Pero... ¿cómo es posible?

—Hombre, pues... Piénsalo: así es mucho mejor —le digo, removiéndome en mi asiento—. A los nietos los ves solo los fines de semana, y así tienes el resto de la semana para ti solo.

—Pero ¿cómo es posible?

—No lo sé. Ya se me ocurrirá algo.

—Pero... Es que es imposible...

Vuelvo a encontrarme en una situación bastante habitual: mi

sentido del humor no acaba de funcionar en otros países. Resulta conmovedor ver cómo lo entienden todo literalmente. Es algo que me gusta mucho de ellos, pero tengo que recordarme constantemente que no debo dármelas de gracioso durante las entrevistas en el extranjero. Con todo, tengo que hacer cosas así para entretenerme y conseguir sobrevivirlas.

Por lo general me disgusta conceder entrevistas, pero estoy contento de poder darle publicidad a *Blinking Lights* después del largo camino que me ha tocado recorrer para publicarlo, más duro todavía que en el caso de otros discos que me ha costado Dios y ayuda publicar. Después de pasar tanto tiempo pensando que a la gente no le gustaba y de dedicarle tanto trabajo y acabar casi consumido en el proceso, me sentía a gusto sabiendo que a la gente sí le importaba.

Después de que DreamWorks fuese vendida a Universal y de que el tipo de Interscope al que tanto se le había llenado la boca con mi «condición de artista» le acabase diciendo a mi mánager que aquel no era sitio para mí después de todo, me indemnizaron por rescisión del contrato y dejaron que me llevase conmigo *Blinking Lights*. Dinero fácil, como quien dice. No quisieron escuchar siquiera una nota del disco. Luego firmé con Vagrant Records, que era igualmente propiedad de Interscope y Universal, de modo que ésta es una de esas historias preciosas en las que más o menos la misma compañía acaba pagándote dos veces. Ahora tenía una *tercera* oportunidad. El gato las ha pasado canutas, pero ya va por la tercera vida. No está mal, ¿no?

Tras meses interminables de depresión y de subirme por las paredes, se me dispara el ánimo cuando el disco recibe fecha de publicación y empiezan a aparecer las primeras críticas halagüeñas. En todas partes me dan cuatro o cinco estrellas. Es algo que en el pasado he dado por sentado, pero ahora, después de tanto tiempo pensando que era el único al que el disco le importaba algo, las críticas significan mucho más para mí. La debacle de *Souljacker* no fue nada en comparación con ésta. La experiencia había servido para reivindicarme, pero nunca me había sentido más abandonado que con *Blinking Lights*, así que ahora me estaban tocando la fibra sensible.

Las críticas, a poco que examines la historia del periodismo musical, no significan nada en realidad. Lo más habitual es que cuando valoran un disco nuevecito y van apurados de tiempo no sepan ver cuáles conservarán su vigencia con el tiempo; aun así, me permitiré sentirme a gusto con éste. (A los críticos literarios: eso no va con vosotros, por supuesto. Siento el más profundo de los respetos por vuestra labor. ¿Qué tal el libro hasta ahora?) Tom Waits llama para decirme que el disco le hace pensar en una Alaska en el horno. Me pongo a pensar, y enseguida deduzco que, viniendo de Tom Waits, comparar mi disco con un helado en llamas solo puede ser el mayor de los cumplidos. Todo va encajando. De nuevo me siento reivindicado por haberme mantenido firme. Me siento incluso mejor que otras veces porque esta vez me la he jugado, invirtiendo mi dinero en un mastodóntico doble álbum que nadie me había pedido y en el que nadie parecía interesado. Además, ha sido una batalla larga y solitaria. Resultó que la gente de Vagrant sí sabía cómo llevar el disco hasta la gente a la que le podía gustar. Las discográficas odian los discos dobles, pero lo aceptaron y les gustó por lo que era, sin más. Pese a ser un disco doble y a que no le dieron mucho juego en la radio, subió en las listas más que cualquier otro de mis discos, incluso que *Beautiful Freak*, el que copó la MTV. Éste, en cambio, no estaba recibiendo ese tipo de promoción. El éxito que estaba consiguiendo era por méritos propios. Actuamos en todos los programas: Leno, Letterman... Pero en vez de tocar el mismo sencillo en cada programa, que es lo que se suele hacer, en cada uno tocamos una canción diferente del disco.

Durante los interminables meses que pasaron entre que el

disco estuvo terminado y finalmente salió a la venta, me acostumbré a pasar las tardes sentado en el porche de mi casita de invitados en el patio trasero, fumando puros y escuchando discos antiguos en el tocadiscos. Tras los sinsabores de la última gira y la operación a la que me tuve que someter, había decidido que lo de las giras se había acabado para mí: el desgaste físico era superior a mis fuerzas. Pero ahora, sentado en el porche aquella noche, mientras contemplaba el humo del cigarro desvanecerse en el cielo nocturno, empecé a imaginar un concierto en el que me fumase un puro en el escenario. Pensé en lo divertido que sería, el reto que supondría organizar un concierto tan distinto a todos los que había dado hasta entonces. Podía ver un cuarteto de cuerda donde generalmente teníamos la batería, y un montón de instrumentos antiguos. Nos vestiríamos todos para la ocasión y yo aparecería con el puro y el bastón que había usado cuando me lastimé la pierna unos años atrás. Un concierto de EELS entre caballeros. Me animé tanto pensando en ello que supe enseguida que iba a tener que hacerlo y no pude contenerme: salí corriendo hacia casa y me puse a llamar por teléfono para ponerlo en marcha.

Fue difícil compaginar la logística y los arreglos de cuerda, pero resultó muy satisfactorio dar un enfoque tan drásticamente nuevo a las canciones antiguas. La gira de «EELS con cuerdas» dio dos veces la vuelta al mundo, y aunque me advirtieron que era un espectáculo demasiado elaborado (que iba a perder pasta por un tubo, vaya) resultó ser un éxito rotundo. Después de tantos años daba la impresión de que se me estaba recompensando por no haberme rendido.

Eso no quiere decir que no hubiese momentos incómodos. A menudo tengo la impresión de que se me castiga por ir un año por delante respecto a las expectativas de la gente. Un año acude alguien a un concierto y se queda encantado con la guitarra acústica y las bonitas melodías que oye, y al año siguiente se siente estafado cuando va al concierto y de mis amplis sale el sonido de cien autobuses chocando unos con otros. También se da el caso contrario: hay a quien le encanta el choque de los autobuses y luego se siente engañado cuando en el siguiente concierto bajamos el volumen. Un año tocamos con saxofones y guitarras acústicas, algo entre un grupo alemán de rap duro y Nine Inch Nails. Al año siguiente salimos a escena con guitarras eléctricas y sintetizadores y lo que tocamos parece una mezcla de David Byrne declamando y un escritor leyendo su último libro. Para los conciertos nos contratan sobre la base de lo que hicimos el año anterior, y nos metemos en un montón de situaciones inapropiadas cuando aparecemos con un material completamente distinto del que vieron la última vez.

Una noche en Alemania, durante la gira «con cuerdas», uno de los asistentes grita ¡SOIS ABURRIDOS! entre canciones. Es alemán, y quiere caña. Le tocamos un riff de los Scorpions, pero no basta. Una vez más, sigo sin entender por qué hay gente que quiere que todo suene tal y como ellos lo imaginan. La vida es demasiado corta para ser tan aburridamente predecibles. El aburrido es usted, caballero.

Acudimos a tocar a un programa televisivo en Inglaterra y nos ponen en círculo junto a otros cuatro grupos en un inmenso estudio de televisión: cada uno irá tocando una canción por turnos. Van Morrison está junto a nosotros. Quince metros más allá, en otra punta del inmenso estudio-hangar, está una estrellita de eso que ahora llaman *soul*, John Legend. Después de nuestra primera canción, un asistente de producción se nos acerca desde el extremo del estudio en el que está John Legend y me susurra al oído: «El señor Legend quiere que apague el puro».

¿El señor Legend? Estoy a quince metros de él: el humo no va a llegarle jamás de los jamases, y en esta sala de techos altísimos no puede suponer la más mínima amenaza para su salud. Ese endiosamiento es bastante habitual en artistas novatos que no saben muy bien cómo controlar la sensación de poder que les embarga con el éxito. Entre canción y canción apago el puro por deferencia hacia el señor Legend (nombre real: John Stephens), pero es parte integral de la escenografía en nuestra actuación y vuelvo a encenderlo cuando nos llega el turno de tocar. Al final del espectáculo, cuando el presentador menciona nuestro nombre para agradecer nuestra presencia, todos los televidentes de Inglaterra sintonizados con la BBC pueden oír el fuerte abucheo que nos dedica el señor Legend. En contraste con tanta pomposidad, Van Morrison, una leyenda de verdad, me pregunta muy cordial si el puro es cubano. A una leyenda de verdad no le hace falta proclamarse como tal. Ni portarse como un capullo.

Durante la larga gira tocamos en algunos recintos legendarios de todo el mundo: Town Hall, en Nueva York, donde se han grabado infinidad de extraordinarias actuaciones en directo; el Royal Festival Hall de Londres; Patti Smith nos invita a participar en el festival que ella coordina en el Queen Elizabeth Hall; hacia el final de la gira volvemos a Londres para otro concierto en el Royal Albert Hall. No es solo porque sea una preciosa y legendaria sala de conciertos con mucha tradición; lo que me emociona es toda la historia que ha vivido ese escenario: los Beatles y los Rolling Stones (en una misma noche, nada menos), The Who, Bob Dylan, Jimi Hendrix, Led Zeppelin... aparte de que John Lennon lo menciona en *A Day in the Life*, un disco que no me cansaba de escuchar en el tocadiscos del salón en Virginia cuando era niño.

Me paso el día entero nerviosísimo, y luego hacemos la prueba de sonido y nos preparamos para la actuación en el Albert Hall. Cuando salgo a escena me preocupa no ser digno de ocupar el mismo escenario que tantos y tantos de mis ídolos (aunque haya escrito un libro sobre mi estrafalaria vida, no creo serlo). Pero a medida que el recinto se llena, cuando se apagan las luces y salgo a escena me siento extrañamente tranquilo. No estoy nervioso en absoluto, y es raro porque a mí me entran los nervios *cada noche*, y ésta es una velada muy especial. Pero algo ha cambiado en mi interior, y de repente me siento a gusto. Toco canciones de todas las etapas de mi vida y mientras las canto me siento en absoluta sintonía con lo que sentí al escribirlas años atrás.

Ten pounds and a head of hair
Came into without a care
What they thought were cries were little laughs
Only looking forward and moving fast

Diez libras y una melena | Se materializaron despreocupados | Lo que pensaban que era llanto eran risitas | Pero con la vista puesta al frente y moviéndose deprisa

Mientras canto pienso en las fotos que encontré en el desván de mi madre, en las que se me ve de bebé. Luego me he convertido en un ectomorfo huesudo, pero entonces era un niño bastante regordete: al nacer pesé casi cinco kilos. Pienso en mi pobre madre cuando me tuvo en el hospital de Washington DC. Aquello tuvo que doler.

How does her world spin
Without me in her nest
Could there really be such happiness?

¿Cómo gira su mundo | Sin mí en su nido? | ¿De verdad es posible tanta felicidad?

A medida que las palabras salen de mi boca, dejo de ser consciente de que hay tres mil personas contemplándome. Pienso en lo perdidamente colado que estaba por la niña de Correos en Virginia. Me alegra que no esté entre el público y no pueda oír los embarazosos versos que escribí sobre ella.

My beloved monster and me
If she wants she will disrobe you
But if you lay her down for a kiss
Her little heart, it might explode

Mi querido monstruo y yo | Si quiere, te desvestirá | Pero si la acuestas para darle un beso | Su corazoncito podría explotar

Pienso en la media hora que me asignó Jon Brion para escribir una canción en el sótano de Echo Park, y en las miles de veces que habré tocado la canción desde entonces.

El concierto, increíble. Es una noche especial, hay algo mágico e indefinible flotando en el aire. Por fin llega el momento de acabar, y lanzo el acorde inicial de la canción que tanto desconcertó a la periodista francesa algunos meses atrás. Empiezo a cantar en tono relajado, casi conversacional:

I go to bed real early
Everybody thinks it's strange
I get up early in the morning
No matter how disappointed I was
With the day before
It feels new

Me voy a la cama temprano | A todos les parece raro | Me despierto muy temprano | Tanto da lo decepcionado que estuviese | Con el día anterior | Sabe a nuevo

Vivir un día más siempre me ha parecido un éxito. Oigo mi voz reverberar en las paredes del Albert Hall y volver hacia mí. Me fijo en todos los asistentes, que parecen genuinamente interesados en lo que tengo que decir. Pienso en la noche en que, mientras fumaba un cigarro en el porche, imaginé el concierto que ahora mismo estoy dando. En como me quedé mirando el humo flotar hacia el cielo y en como imaginé la compleja situación en la que me veo ahora inmerso. Es asombroso ser capaz de hacer algo así, pienso.

I don't leave the house much
I don't like being around people
Makes me nervous and weird
I don't like going to shows either
It's better for me to stay home
Some might think it means I hate people
But that's not quite right

I do some stupid things
But my heart's in the right place
And this I know

No salgo mucho de casa | No me gusta estar rodeado de gente | Me pone nervioso, me hace sentir raro | No me gusta ir a espectáculos tampoco | Es mejor que me quede en casa | Hay quien piensa que eso significa que odio a la gente | Pero no es del todo cierto || Hago algunas estupideces | Pero mi corazón está en el lugar adecuado | De eso estoy seguro

Me siento como me sentí el día que escribí la canción, cuando bajé al sótano, enchufé la guitarra eléctrica y me senté a escribir una canción para explicar que todas las malas rachas habían valido la pena porque ese día estaba verdaderamente feliz. Sentía que podía aceptarme a mí mismo. Vale que para según qué cosas soy bastante rarito: no me gusta ir a fiestas ni a espectáculos, me escondo mucho en casa... Pero, visto lo visto, podría ser mucho peor. Y por lo menos soy capaz de asistir a *este* espectáculo. Soy consciente de una sensación que se ha estado apoderando de mí lentamente durante los últimos años y que ahora es casi tangible. Las he pasado de todos los colores... pero *estoy bien.* Y si quiero, puedo estar mejor que bien. No soy la persona más equilibrada de este mundo, desde luego, pero teniendo todo en cuenta... A ver, *he sobrevivido.* Y he sobrevivido siendo yo mismo. ¿Es o no es una suerte? ¿Es o no es asombroso?

I got a dog
I take him for a walk
And all the people like to say hello
I'm used to staring down at the sidewalk cracks
I'm learning how to say hello
Without too much trouble

Tengo un perro | Lo saco a pasear | Y a todo el mundo le gusta saludar | Tengo por costumbre clavar la vista en las grietas de la acera | Pero estoy aprendiendo a decir hola | Sin que me cueste demasiado

Miro al público, al mar de rostros anaranjados por las luces del escenario, y me siento arropado. Estamos todos bien jodidos, pienso, y no hay mayor verdad que ésa. Todos tenemos alguna historia bien jodida en nuestras vidas, y no hay nadie viviendo el cuento de hadas que la tele nos hizo creer que viviríamos de mayores cuando éramos pequeños.

I'm turning out just like my father
Though I swore I never would
Now I can say that I have a love for him
I never really understood

What it must have been like for him
Living inside his head
I feel like he's here with me now
Even though he's dead

Resulta que me estoy convirtiendo en mi padre | Aunque juré que nunca lo haría | Ahora puedo decir que le amo | Nunca entendí del todo | Lo que debió de ser para él tener que vivir en su cabeza | Ahora siento que está conmigo | Por mucho que esté muerto

Ahora que he perdonado a mi padre sus deficiencias como progenitor me siento eufórico, como si me hubiesen quitado un peso enorme de encima. Al cantar las palabras siento físicamente el alivio, y entiendo perfectamente eso que se dice sobre que guardarle rencor a alguien te hace más daño a ti que a la persona con la que estás enfadado. Pienso en lo mucho que me cabreaba que mi padre no se hubiese cuidado más. Que nunca fuese al médico, que engordase tantísimo, que fumase tres cajetillas al día, que bebiese como un cosaco y no hiciese nunca ejercicio. Pero luego pienso en que uno de sus compañeros de trabajo mencionó que pocos días antes de morir mi padre había dicho que había vivido una buena vida y que estaba satisfecho. Comprendo que el modo de vivir de mi padre tenía su valor. Comió, fumó y bebió lo que le dio la gana, y un día se murió de repente. He sido testigo de otras opciones, y desde luego disfrutar con lo que tienes y morirte de golpe no es mala forma de acabar.

It's not all good and it's not all bad
Don't believe everything you read
I'm the only one who knows what it's like
So I thought i'd better tell you
Before I leave

No todo es bueno y no todo es malo | No creáis todo lo que leéis | Yo soy el único que sabe cómo son las cosas | Por eso he pensado que mejor será que os lo cuente | Antes de irme

Pienso en que mi padre nunca habló mucho conmigo, y en lo mucho que deseaba que se sentase conmigo a hablar cara a cara de las cosas. ¿Y si algún día tengo un hijo que quiere saber las cosas que me pasaban a mí por la cabeza? La periodista francesa tenía razón. No tengo hijos siquiera, así que de los nietos olvídate. Aún hay tiempo. Mejor que deje escrito cómo ha sido ser yo para que no tengan que hacerse las mismas preguntas que me hago yo sobre mi padre.

Recuerdo una foto que encontré mientras limpiaba el ático de Virginia cuando murió mi madre. Era una foto de mi bisabuelo, de pie tras mi abuelo, que a su vez está detrás de mi padre mientras éste sostiene en brazos a mi hermana Liz, un bebé por entonces. Cuatro generaciones de Everetts en la misma habitación, ordenados como un tótem familiar de carne y hueso. Ahora solo quedo yo y el peso de su legado. De mí depende que se perpetúe el nombre de la familia. No sé si estoy en condiciones. ¿Cómo puede ser que hubiera cuatro generaciones vivas hace tan poco y ahora quede solo yo?

So in the end I'd like to say
That I'm a very thankful man
I tried to make the most of my situations
And enjoy what I had
I knew true love and I knew passion
And the difference between the two
And I had some regrets
But if I had to do it all again
Well, it's something I'd like to do

Para acabar me gustaría decir | Que soy un hombre muy agradecido | He intentado sacar el mayor provecho de cada situación | Y disfrutar de lo que tengo | He conocido el amor verdadero y la pasión | Y la diferencia entre uno y otra | Y hay cosas que lamento | Pero si tuviera que hacerlo todo de nuevo | Pues también es algo que me gustaría hacer

Todas las malas rachas, pienso, todos los desmadres. Todas las épocas buenas. Una avalancha de imágenes cruza mi mente. Mis compañeros de clase, vistos entre lágrimas cuando me acusaron de copiar. Besar a mi primera novia tumbados en la litera. Correr descalzo por mi calle, esquivando butacas de avión, ventanillas y ceniceros. Robert lanzándose a por mí con un cuchillo de cocina. Mi madre riendo mientras le doy su medicamento. El cierre del ataúd de Liz.

Contemplo al público del Albert Hall. Pienso en las veces en que quise tirarme del puente cuando era adolescente, y en los que me dijeron que me moriría de hambre si intentaba salir adelante con mi música. Ojalá alguien me hubiese dicho cuando era joven que algún día estaría sobre el escenario del Royal Albert Hall cantando mis canciones ante miles de espectadores embelesados. Oigo el crescendo del cuarteto de cuerda a mis espaldas y un escalofrío me recorre la espalda y se extiende hasta la punta de los dedos y el cuero cabelludo.

Ya no tengo aquella sensación adolescente de que no llegaría a los dieciocho. Creo que utilizaba ese tipo de ideas como válvula de escape. Para pensar que sí había maneras de escapar. Pero ahora no tengo la más remota idea de lo que me espera. Me gusta hacerme mayor. He necesitado todo este tiempo para empezar a sentirme cómodo siendo quien soy. De acuerdo, ha sido un rodeo larguísimo para llegar hasta este momento, pero era lo que había que hacer. O eso, o me moría, así que yo lo interpreto como un triunfo.

Con el último acorde de la canción se rompe la correa de

la guitarra y consigo sostener el instrumento apretándolo contra el torso, y eso me recuerda que la vida nunca sale del todo como uno espera y que nada, nada, se ciñe a los planes. «No me digas», pienso para mí mientras salgo del escenario. El público se pone en pie y aplaude entusiasmado y pide a gritos un bis. Pienso en que nunca he tenido planes y por eso tampoco importa que la vida no haya seguido el plan original. Pero tengo que reconocer que para ser alguien sin plan las cosas me han salido bastante bien.

Quizá consiga escapar a los demonios familiares, quizá no: no lo sé. Pero puedo decir que estoy orgulloso de haber llegado hasta aquí, y si el viaje se acaba aquí... pues no ha estado nada mal. Unos cuantos bajones importantes, pero otros cuantos subidones de cuidado, ¿no? Vuelvo a pensar en lo que dijo mi padre pocos días antes de morir, que había vivido una buena vida, y me doy cuenta de que me siento igual que él. Menuda vida he vivido. He sobrevivido a las malas rachas y disfrutado de las buenas. En serio, gente. Ahora es cuando de verdad vivo.

¿Y ahora qué?

Me despierto en la parte trasera de un autobús, con la necesidad perentoria de poner un huevo. He conseguido echar tres horitas de sueño, y en el autobús de la gira no se puede uno permitir esas cosas. El inodoro apenas permite echar una meada. Escudriño el autobús en busca de unos pantalones y me quito el pijama. Me pongo mis vaqueros (primero una pernera y luego otra; igual que tú, dilecto lector) y avanzo a trompicones hacia la parte delantera, pateando los calcetines enrollados de alguien por el camino. Los demás están todos dormidos en sus literas. En el «corredor de los ronquidos» todo apesta bastante, y está oscuro. El sonido de doce personas resoplando al unísono tras las cortinillas de las literas se parece mucho a una sinfonía de langostas atropelladas por un cortacésped. Demasiado para mi cabeza somnolienta y dolorida. Aquí dentro huele a culo. Tengo que salir. Esto tendría mucha más gracia si yo tuviese diecinueve años. Finalmente llego hasta la parte delantera y le escribo una nota al conductor para que no siga hasta la siguiente ciudad sin mí. Pongo la nota en el asiento del conductor para que no pueda no verla:

BUSCO UN SITIO PARA CAGAR.

VUELVO ENSEGUIDA. NO OS VAYÁIS SIN MÍ.

E

Abro la puerta del autobús y salgo. El sol matinal penetra mis Ray-Ban y asalta mis ojos enrojecidos. Es la madrugada del sábado y estoy frente al Roxy Theatre de Sunset Strip, donde las dos últimas noches acabamos de dar dos conciertos de precalentamiento bastante moviditos, en preparación de la próxima gira. Me pongo a caminar Sunset Boulevard abajo, buscando un restaurante donde consumir cualquier cosa para poder usar el servicio. Estoy tan cansado que levantar los pies del cemento para caminar me resulta dificilísimo.

Mientras camino por la acera, bajo la mirada y veo que llevo puestas mis zapatillas a cuadros de viejo. Me he olvidado de ponerme los zapatos. Tengo la sensación de estar dando el cante, pero estoy demasiado cansado y necesito urgentemente un baño, así que no me importa. Por fin encuentro la cafetería Duke: entro y pido un té helado en el mostrador. Voy hacia la parte trasera del local, donde veo el cartel de CABALLEROS sobre una puerta. Entro en el baño y me encuentro a un mendigo zumbado usando el único retrete, mascullando ininteligiblemente y tirando sin parar de la cadena. Tengo que entrar al baño desesperadamente, pero me toca esperar a que el chalado ese acabe de gruñir y vaciar la cisterna. Nada de todo eso se sale de lo habitual. Así es como suelen empezar mis mañanas últimamente.

Pocas semanas después, en algún lugar de Europa, el autobús de dos pisos de la gira pasa por debajo de un puente que es varios centímetros más bajo que el propio autobús. Sorprendentemente nadie resulta herido, pero me paso buena parte de los días de lluvia colocando cacharros para recoger el agua que se filtra por el remiendo del techo antes de que llegue a mi litera. Pocos días después, en Alabama, el conductor de un camión se queda dormido al volante a las tres de la madrugada y obliga a nuestro autobús a salirse de la calzada justo cuando llegamos a un puente. Acabamos subidos a las defensas de cemento, con los neumáticos del lado derecho destrozados. Me despierto al salir volando de mi litera y pienso que voy a morir. Una vez más, un milagro hace que nadie resulte herido de gravedad. Pasamos el día entero en la cuneta, esperando a que acaben de montar los neumáticos nuevos, y aun así conseguimos llegar a tiempo a Nueva Orleans para soltar tralla en una ciudad a la que le hace falta tralla como agua de mayo.

Empiezo a tener sueños muy raros en el autobús. Como ése en el que voy en el asiento del acompañante con mi amigo Chet mientras conduce «Oro Viejo», mi antiguo Chevy Nova. Conduce muy deprisa, a lo loco: vamos por una carretera nevada de montaña y a cada bache salimos despedidos y aterrizamos pesadamente. Él se ríe, pero yo estoy preocupado. Acaba perdiendo el control del coche y nos la damos contra una pila de nieve. Los dos salimos ilesos del accidente y empezamos a caminar montaña abajo. Cuando llegamos a la base estamos en la soleada Burbank, en California, frente a los estudios de la Warner Brothers. Hace un día espléndido, y ante la entrada del estudio hay tres ciervos de tres patas pastando. Le digo adiós a Chet y les pregunto a los ciervos de tres patas si les gustaría venir a trabajar conmigo. Le muestro mi identificación al guardia de la entrada, que pulsa un botón y levanta los portones para que pueda entrar en los estudios. Los tres ciervos me siguen hasta el plató 12, donde trabajo como asistente. Mientras me pongo el uniforme en las taquillas, el jefe entra y me pregunta a gritos: «¿Quién coño ha metido aquí estos ciervos de tres patas?».

—He sido yo, jefe. Están conmigo —le digo.

—Pues ya los estás sacando de aquí. ¡Estás despedido! —me chilla.

Me vuelvo a vestir de calle y les hago señas a los ciervos para que me sigan. Salimos de los estudios y llegamos a un barrio a orillas de un río cercano. Acabamos en un bonito rancho rodeado de árboles que dan muy buena sombra. Abro la puerta delantera y aparecen mi mujer y mis hijos para darme la bienvenida.

—¡Papá está en casa! ¡Bieeeeeeeen! —exclaman al unísono.

—Chicos, chicos, ¡os presento a vuestros nuevos amiguitos! —les anuncio, y los ciervos entran al trote y los niños dan botes de excitación. Y entonces me despierto.

El sueño no parece demasiado alejado de la vida que llevo cuando estoy despierto. Me pasan cosas descabelladas, pero yo voy saltando de escena en escena, aceptando lo que me voy encontrando. Soy como una cucaracha. Tiro para adelante. Creo que el vaivén constante de mi vida durante la gira hace que desee algo de estabilidad. Pero así es mi vida. No es la más apropiada para alguien que prefiere esconderse en casa, pero tiene su puntito.

Aún me dan arranques de desesperación de vez en cuando, y entonces pienso que ya no hay esperanza. Y sigo aborreciendo ir a un médico o un dentista nuevos. Aunque no por los motivos habituales, sino porque cuando rellenas el nuevo formulario de información personal, antes o después llegas a esta casilla:

EN CASO DE EMERGENCIA,
PÓNGASE EN CONTACTO CON:

No sé nunca a quién poner, y es algo que me entristece y me avergüenza. Me hace sentir muy solo por no tener familia. Los días de fiesta son siempre un asco, y por lo general finjo que no existen. Visto desde el lado positivo, hacer las compras de

Navidad está chupado. La familia en la que me crié desapareció demasiado pronto y he pasado demasiados años en mi escondrijo, como un lobo solitario. Sé que si me muriese mañana, en la necrológica podría leerse:

> NO DEJA DE SER IRÓNICO QUE EVERETT, QUE NO HABÍA TENIDO HIJOS (Y MENOS NIETOS) EN EL MOMENTO DE SU MUERTE, TITULASE SU AUTOBIOGRAFÍA *COSAS QUE LOS NIETOS DEBERÍAN SABER.*

Pero las circunstancias me han llevado hasta donde estoy, y ahora soy mucho más sabio, y la vida está llena de sorpresas. Todo puede cambiar en cualquier momento. Apenas hace falta un segundo para que tu vida cambie por completo.

¿Y por qué, si tanto me empeño en que no creo en nada, me sorprendo de vez en cuando sentado en el porche trasero con la cabeza vuelta hacia el cielo nocturno y hablando con Liz y con mi madre y mi padre?

A veces las circunstancias me superan, pero ya no me pasa tanto ni con tanta intensidad como antes, y creo que todas las putadas que me ha tocado vivir me han hecho más fuerte, como siempre dicen que pasa.

La gente de mi familia más inmediata no parece ser muy longeva. Pero aquí sigo yo: quizá sea la excepción. Quizá no. Igual llego a los cien años. Igual tengo nietos. Igual acabo escribiendo la segunda parte de este libro. Nunca se sabe. No tengo ni idea de lo que va a pasar a continuación. Y tú tampoco.

Agradecimientos

Quiero dar las gracias a las siguientes personas por la ayuda prestada para que este libro sea realidad:

Anthony Cain, Sean Coleman, Pete Townshend, Antonia Hodgson, Matthew Guma, Kevin Gasser, Adrian Tomine, Autumn deWilde, Jim Runge y Ray Charles.